AF515361

易しくて 面白い 観光日本語

쉽고 재미있는 관광일본어

한올출판사

머리말

우리나라 관광산업에서 일본이 차지하는 비중은 외래관광객의 50% 이상과 관광 수익의 60%를 점하는 우리나라 최대의 관광시장입니다. 따라서 관광산업 종사원들에게 있어 일본어 구사 능력은 필수적인 요소가 되었습니다. 그러나 일본어를 배우는 사람은 수없이 많지만 일본인과 의사소통이 가능한 사람은 많지 않습니다. 그 원인 중의 하나가 바로 관광서비스 현장에 적용 가능한 현장 중심의 교재를 찾아보기 어렵다는 것입니다.

따라서 이 책은 관광서비스 산업에 종사하기를 희망하는 관광계열 학과의 학생과 관광산업에 종사하는 종사원의 일본어 구사 능력을 제고하기 위하여 집필하였으며, 아래와 같은 특징을 가지고 있습니다.

1. 관광산업(특히, 호텔과 여행사) 종사원들이 주로 사용하는 단어로 문장을 구성하였습니다.
2. 각 장마다 ‘새로운 단어’를 정리하여 쉽게 단어를 암기하도록 하였습니다.
3. 각 장마다 ‘문장설명’을 수록하여 문장을 쉽게 이해하도록 하였습니다.
4. 각 장마다 ‘관련단어 익히기’를 수록하여 단어 암기능력을 극대화하도록 하였습니다.
5. 부록으로 일본어 기초문법을 수록하여 문법학습에 도움이 되도록 하였습니다.
6. 부록에 ‘일본어 따라 쓰기‘를 수록하여 일본어 연습장을 별도로 구입하지 않아도 되게 하였습니다.

끝으로 이 책이 일본어를 공부하시는 여러분께 도움이 되기를 바라며, 출간되기까지 성심껏 도와준 제자 김희정 양과 감수를 맡아 주신 이경희 선생님 그리고 기꺼이 출판에 응해주신 한올출판사 임순재 사장님과 임직원 여러분께 진심으로 감사의 인사를 올립니다.

저자 씀

CONTENTS

PART 1 문자와 발음

PART 2 문장익히기

CONTENTS

PART 1

문자와 발음

1 일본의 문자

일본에서도 우리나라와 마찬가지로 처음에는 중국의 한자를 사용하였으며, 2次大戰 前까지만 해도 口語와 文語의 두 가지 말을 사용하였다. 그러나 지금은 口語만을 사용하며, ひらがな(HIRAGANA), カタカナ(KATAKANA), 漢字 등 3개의 문자를 병행하여 사용하고 있다.

이들 문자의 특성과 사용은 아래와 같다.

1) ひらがな(平仮名 : HIRAGANA)

한자의 초서체나 흘림체로 만들어진 문자로 10세기경 완성되었다.

처음에는 남녀차별로 인해 정상적으로 교육을 받을 수 없었던 여성들이 일기나 편지, 수필 등을 쓸 때 사용되었던 문자로서 한자의 복잡한 획수를 생략하여 간단하게 만든 문자다. 현재는 대부분의 문장과 회화에 이 ひらがな를 사용하고 있어 가장 많이 사용되는 문자이다.

2) カタカナ(片仮名 : KATAKANA)

한자의 자획 일부를 따서 만들어진 문자로 11세기경 완성되었다.

처음에는 학문을 하는 승려나 남성들이 한자로 쓰여진 경전이나 문서를 읽을 때 한자의 의미 또는 발음을 표시하기 위해 사용했던 기호였다.

오늘날에는 외래어, 전보문, 법령 등에는 반드시 カタカナ를 사용하며, 인명, 지명, 의성어, 의태어, 동・식물의 이름, 강조어 등에 주로 사용한다.

3) 漢字

일본어에서 한자는 외국어라기보다는 일본문자의 일부라고 할 수 있을 정도로 보편화되었으며, 글을 쓸 때 반드시 사용해야만 되는 문자이다.

따라서 일본정부는 常用漢字 1945자를 지정하여, 小学校(우리나라의 초등학교) 과정에서 996자, 中学校 과정에서 949자를 모두 습득하도록 교육하고 있다.

그러나 일본에서는 우리나라와는 달리 한자의 略字를 개발하여 사용하고 있어 한자를 익히는데 수월한 편이다.

2

ひらがな

1) 청음(清音)

あ	a	い	i	う	u	え	e	お	o
か	ka	き	ki	く	ku	け	ke	こ	ko
さ	sa	し	si	す	su	せ	se	そ	so
た	ta	ち	chi	つ	tsu	て	te	と	to
な	na	に	ni	ぬ	nu	ね	ne	の	no
は	ha	ひ	hi	ふ	hu	へ	he	ほ	ho
ま	ma	み	mi	む	mu	め	me	も	mo
や	ya			ゆ	yu			よ	yo
ら	ra	り	ri	る	ru	れ	re	ろ	ro
わ	wa							を	o
ん	n								

2) 탁음(濁音)

が	ga	ぎ	gi	ぐ	gu	げ	ge	ご	go
ざ	za	じ	zi	ず	zu	ぜ	ze	ぞ	zo
だ	da	ぢ	zi	づ	zu	で	de	ど	do
ば	ba	び	bi	ぶ	bu	べ	be	ぼ	bo

3) 반탁음(半濁音)

ぱ	pa	ぴ	pi	ぷ	pu	ぺ	pe	ぽ	po

4) 요음(拗音)

きゃ	kya	きゅ	kyu	きょ	kyo
しゃ	sya	しゅ	syu	しょ	syo
ちゃ	cha	ちゅ	chu	ちょ	cho
にゃ	nya	にゅ	nyu	にょ	nyo
ひゃ	hya	ひゅ	hyu	ひょ	hyo
みゃ	mya	みゅ	myu	みょ	myo

ぎゃ	gya	ぎゅ	gyu	ぎょ	gyo
じゃ	zya	じゅ	zyu	じょ	zyo
ぢゃ	zya	ぢゅ	zyu	ぢょ	zyo
びゃ	bya	びゅ	byu	びょ	byo
ぴゃ	pya	ぴゅ	pyu	ぴょ	pyo

3 カタカナ

1) 청음(清音)

ア	a	イ	i	ウ	u	エ	e	オ	o
カ	ka	キ	ki	ク	ku	ケ	ke	コ	ko
サ	sa	シ	si	ス	su	セ	se	ソ	so
タ	ta	チ	chi	ツ	tsu	テ	te	ト	to
ナ	na	ニ	ni	ヌ	nu	ネ	ne	ノ	no
ハ	ha	ヒ	hi	フ	hu	ヘ	he	ホ	ho
マ	ma	ミ	mi	ム	mu	メ	me	モ	mo
ヤ	ya			ユ	yu			ヨ	yo
ラ	ra	リ	ri	ル	ru	レ	re	ロ	ro
ワ	wa							ヲ	o
ン	n								

2) 탁음(濁音)

ガ	ga	ギ	gi	グ	gu	ゲ	ge	ゴ	go
ザ	za	ジ	zi	ズ	zu	ゼ	ze	ゾ	zo
ダ	da	ヂ	zi	ヅ	zu	デ	de	ド	do
バ	ba	ビ	bi	ブ	bu	ベ	be	ボ	bo

3) 반탁음(半濁音)

パ	pa	ピ	pi	プ	pu	ペ	pe	ポ	po

4) 요음(拗音)

キャ	kya	キュ	kyu	キョ	kyo
シャ	sya	シュ	syu	ショ	syo
チャ	cha	チュ	chu	チョ	cho
ニャ	nya	ニュ	nyu	ニョ	nyo
ヒャ	hya	ヒュ	hyu	ヒョ	hyo
ミャ	mya	ミュ	myu	ミョ	myo

リャ	rya	リュ	ryu	リョ	ryo
ギャ	gya	ギュ	gyu	ギョ	gyo
ジャ	zya	ジュ	zyu	ジョ	zyo
ヂャ	zya	ヂュ	zyu	ヂョ	zyo
ビャ	bya	ビュ	byu	ビョ	byo
ピャ	pya	ピュ	pyu	ピョ	pyo

4 주의해야 할 문자와 발음

1) 발음 : 撥音(ん)

받침으로 쓰이며, 다음에 오는 글자의 영향을 받아 [n = ㄴ], [m = ㅁ], [ŋ = o], [N = 콧소리(鼻音)] 등으로 발음한다.

(1) [n = ㄴ]으로 쓰이는 경우

가. ん + ざ行(ざ・ じ・ ず・ ぜ・ ぞ)

예 ① げんざい : 現在(현재)
② にんじん : 당근
③ かんずる : 느끼다
④ かんぜん : 完全(완전)
⑤ せんぞ : 先祖(선조)

나. ん + た行(た・ ち・ つ・ て・ と)

예 ① はんたい : 反対(반대)
② しんちしき : 新知識(신지식)
③ かんつう : 貫通(관통)
④ かんてん : 観点(관점)
⑤ べんとう : 도시락

다. ん + だ行(だ・ ぢ・ づ・ で・ ど)

예 ① げんだい : 現代(현대)
② かんづめ : 통조림
③ なんでも : 무엇이든지

④ だんどり : 순서, 방도, 절차

라. ん + な行(な・ に・ ぬ・ ね・ の)

예 ① おんな　: 女子(여자)
② なんにん : 몇 사람
③ せんぬき : 병따게
④ なんねん : 몇년
⑤ てんのう : 天皇(천황)

마. ん + ら行(ら・ り・ る・ れ・ ろ)

예 ① あんらく : 安楽(안락)
② べんり　: 便利(편리)
③ じんるい : 人類(인류)
④ しんれい : 神霊(신령)
⑤ こんろ　: 風炉(풍로)

(2) [m = ㅁ]으로 쓰이는 경우

가. ん + ば行(ば・ び・ ぶ・ べ・ ぼ)

예 ① がんばる : 분발하다. 힘내다
② かんびょう : 看病(간병)
③ かんぶ　: 幹部(간부)
④ ぶんべつ : 分別(분별)
⑤ びんぼう : 가난함, 거지

나. ん + ぱ行(ぱ・ ぴ・ ぷ・ ぺ・ ぽ)

예 ① ぶんぱい : 分配(분배)
② あんぴ　: 安否(불안)
③ てんぷら : 튀김
④ もんぺ　: 부인용 작업복 바지
⑤ ちゃんぽん : 짬뽕

다. ん + ま行(ま・ み・ む・ め・ も)

예 ① あんま : 按摩(안마)
② さんみゃく : 山脈(산맥)
③ せんむ : 専務(전무)
④ うんめい : 運命(운명)
⑤ ほんもの : 진짜

(3) [ŋ =ㅇ]으로 쓰이는 경우

가. ん + 行か(か・ き・ く・ け・ こ)

예 ① たんか : 들것
② にんき : 人気(인기)
③ ぼんくら : 바보, 멍청이
④ ぶんけい : 文型(문형)
⑤ あんこ : 팥소

나. ん + が行(が・ ぎ・ ぐ・ げ・ ご)

예 ① まんが : 漫画(만화)
② きんぎょ : 금붕어
③ たんぐつ : 短靴(단화)
④ まんげつ : 보름달
⑤ だんご : 경단

(4) [N = 콧소리(鼻音)]으로 쓰이는 경우

가. ん으로 끝나는 경우

예 ① うどん : 우동, 가락국수
② かばん : 가방
③ たくあん : 단무지
④ ざぶとん : 방석
⑤ おぼん : 쟁반

나. ん + 모음(あ・ い・ う・ え・ お)

예 ① れんあい : 戀愛(연애)
② じんいん : 人員(인원)
③ きんうん : 金銭運(금전운)
④ きんえん : 禁煙(금연)
⑤ けんお : 嫌惡((혐오)

다. ん + さ行(さ・ し・ す・ せ・ そ)

예 ① けんさ : 検査(검사)
② でんし : 電子(전자)
③ たんす : 장
④ けんせい : 견제
⑤ ふんそう : 분쟁

라. ん + は行(は・ ひ・ ふ・ へ・ ほ)

예 ① ぎんはくしょく : 銀白色(은백색)
② まんねんひつ : 万年筆(만년필)
③ じんふぜん : 心不全(심부전)
④ きんへいか : 金平価(금평가 : 통화 1단위마다의 금의 분량)
⑤ らんほう : 卵胞(난포)

마. ん + 반모음(や・ ゆ・ よ・ わ)

예 ① ほんや : 書店(서점)
② かんゆう : 勧誘(권유)
③ かんよう : 慣用(관용)
④ でんわ : 電話(전화)

2) 촉음 : 促音(っ)

받침으로 쓰이며, 다음에 오는 글자의 영향을 받아 [k = ㄱ], [s = ㅅ], [t = ㄷ], [p = ㅂ] 등으로 발음한다.

(1) [k = ㄱ]으로 쓰이는 경우 : っ + か行(か・ き・ く・ け・ こ)

예 ① よっか : 초나흘
② てっきり : 틀림없이, 생각대로 됨
③ ゆっくり : 천천히
④ こっけい : 우스움
⑤ びっこ : 절름발이

(2) [s = ㅅ]으로 쓰이는 경우 : っ + さ行(さ・ し・ す・ せ・ そ)

예 ① あっさり : 깨끗이, 선선히
② ざっし : 雑誌(잡지)
③ まっすぐ : 곧장, 똑바로
④ たっせい : 達成(달성)
⑤ いっそう : 한층 더, 더욱 더

(3) [t = ㄷ]으로 쓰이는 경우 : っ + た行(た・ ち・ つ・ て・ と)

예 ① はったつ : 発達(발달)
② いっち : 一致(일치)
③ ぶっつけ : 별안간
④ てってい : 徹底(철저)
⑤ ざっと : 대충, 대강

(4) [p = ㅂ]으로 쓰이는 경우 : っ + ぱ行(ぱ・ ぴ・ ぷ・ ぺ・ ぽ)

예 ① いっぱい : 가득, 한잔
② じっぴ : 実費(실비)
③ きっぷ : 표, 티켓
④ がっぺい : 合併(합병)
⑤ にっぽん : 日本(일본)

3) 장음 : 長音

(1) 모음(あ・ い・ う・ え・ お) 앞에 그 모음과 동일한 단의 자음이 올 때

① おばあさん : 할머니
② おじいさん : 할아버지
③ ゆうめい : 有名(유명)
④ おねえさん : 누나, 언니
⑤ とお : 10(열개)

(2) 모음(あ・ い・ う・ え・ お)이 중첩(복) 될 때

① ああ : 아-(감탄사)
② いいえ : 아니오
③ ううん . 응
④ ええ : 예
⑤ おおい : 많다

(3) お단 자음 + う가 올 때

① そうです。 : 그렇습니다.
② いもうと : 여동생
③ おとうさん : 아버지
④ おとうと : 남동생
⑤ りょうしん : 兩親(양친)

* カタカナ의 장음은 [-]로 표시한다.

① コーヒー : 커피
② ターミナル : 터미널
③ スタート : 스타트
④ ローズ : 로즈(장미)
⑤ ノート : 노트

4) 묵음 : 黙音

[く] 다음에 [さ행]이 오면 묵음현상이 일어나지만, 모든 단어가 그러한 것은 아니다.

예 ① おくさん : 婦人(부인)

② たくさん : 많이

③ がくせい : 学生(학생)

PART 2

문장 익히기

쉽고 재미있는 관광 일본어회화

1

私(わたし)は 韓国人(かんこくじん)です。

～は　～です。

more

私(わたし)は 韓国人(かんこくじん)です。

田中(たなか)さんは 日本人(にほんじん)です。

ティーロさんは アメリカ人(じん)です。

マオさんは 中国人(ちゅうごくじん)です。

オルガさんは ロシア人(じん)です。

私(わたし)も 日本人(にほんじん)です。

鈴木(すずき)さんも 日本人(にほんじん)です。

キムさんも 韓国人(かんこくじん)です。

李(り)一さんも 韓国人(かんこくじん)です。

나는 한국인입니다

~는 ~입니다.

more

나는 한국인입니다.

다나까씨는 일본인입니다.

테일러씨는 미국인입니다.

마오씨는 중국인입니다.

올가씨는 러시아인입니다.

나도 일본인입니다.

스즈키씨도 일본인입니다.

김씨도 한국인입니다.

이씨도 한국인입니다.

새로운 단어

1. 나 : 私(わたし)
2. 한국인 : 韓国人(かんこくじん)
3. 미국인 : 米国人(べいこくじん), アメリカ人(じん)
4. 러시아인 : ロシア人(じん)
5. 일본인 : 日本人(にほんじん)
6. 중국인 : 中国人(ちゅうごくじん)

문장 설명

1. ～は : 「～은, ～는」의 뜻이다.
   は(하)는 조사로 쓰일 경우 「와」로 발음한다.
2. ～だ : ① 명사, 조사 の등에 접속한다. 「～이다」
   (명사 + で ある : 주로 문장체에서)
   夢(ゆめ) + だ 꿈이다, 春(はる) + である 봄이다(문장체).
   ② 정중한 말은 「～です」이다.
3. ～も : ① 같은 종류 중에서 한 예를 들어 나타낸다. 「～도」
   ② 윗말의 뜻을 강조한다. 「～도, ～이나」
   ③ 같은 종류의 것을 나타낸다. 「～도」

관련단어 익히기

국가 명	일본식 표기	사 람(人)	언 어(語)
韓　国	かんこく	かんこくじん	かんこくご
日　本	にほん，にっぽん	にほんじん，にっぽんじん	にほんご，にっぽんご
美　国	アメリカ，米国(べいこく)	アメリカじん，米国人(べいこくじん)	えいご
中　国	ちゅうごく	ちゅうごくじん	ちゅうごくご
英　国	イギリス	イギリスじん	えいご
프랑스	フランス	フランスじん	フランスご
独　逸	ドイツ	ドイツじん	ドイツご
러시아	ロシア	ロシアじん	ロシアご
泰　国	タイ	タイじん	タイご
필리핀	フィリピン	フィリピンじん	えいご

2 私(わたし)は 大学生(だいがくせい)です。

～は　～では/じゃ ありません。

more

私(わたし)は 男(おとこ)です。

私(わたし)は 女(おんな)です。

私(わたし)は 学生(がくせい)です。

私(わたし)は 大学生(だいがくせい)です。

私(わたし)は 先生(せんせい)です。

あなたは 男(おとこ)ですか。

いいえ，　私(わたし)は 男(おとこ)では(じゃ) ありません。　女(おんな)です。

あなたは 学生(がくせい)ですか。

はい，　私(わたし)は 大学生(だいがくせい)です。

あなたも 大学生(だいがくせい)ですか。

いいえ，　私(わたし)は 大学生(だいがくせい)では(じゃ) ありません。　先生(せんせい)です。

나는 대학생입니다.

~은 ~이(가) 아닙니다.

more

나는 남자입니다.

나는 여자입니다.

나는 학생입니다.

나는 대학생입니다.

나는 선생님입니다.

당신은 남자입니까?

아니오, 나는 남자가 아닙니다. 여자입니다.

당신은 학생입니까?

예, 나는 대학생입니다.

당신도 대학생입니까?

아니오, 나는 대학생이 아닙니다. 선생님입니다.

새로운 단어

1. 남자 : 男(おとこ)

2. 여자 : 女(おんな)

3. 학생 : 学生(がくせい)

4. 대학생 : 大学生(だいがくせい)

5. 선생님 : 先生(せんせい)

6. 당신 : あなた

관련단어 익히기

● 성별 호칭

남　　자	男(おとこ)	여　　자	女(おんな)
남자 아이	男(おとこ)の子(こ)	여자 아이	女(おんな)の子(こ)
남 학 생	男(おとこ)の学生(がくせい)，　男子学生(だんしがくせい)	여 학 생	女(おんな)の学生(がくせい)，女子学生(じょしがくせい)
남　　성	男性(だんせい)	여　　성	女性(じょせい)
남 자 분	男(おとこ)の方(かた)	여 자 분	女(おんな)の方(かた)

● 인칭사

1인칭	2인칭	3인칭	부정칭
私(わたし)	あなた	彼(かれ)	誰(だれ)
僕(ぼく)	君(きみ)		
俺(おれ)	お前(まえ)	彼女(かのじょ)	どなた

3 ここは 日本(にほん)です。

A ここは 日本(にほん)です。

私(わたし)は 観光客(かんこうきゃく)です。

上野公園(うえのこうえん)は どちらですか。

B あちらです。

A あれは 何(なん)ですか。

B あれは 東京(とうきょう)タワーです。

A あなたは 観光客(かんこうきゃく)ですか。

B いいえ、 私(わたし)は 観光客(かんこうきゃく)では(じゃ) ありません。 留学生(りゅうがくせい)です。

A すみませんが、 プラザ ホテルは どちらですか。

B あちらです。

A ありがとうございます。

여기는 일본입니다.

A 여기는 일본입니다.

나는 관광객입니다.

우에노공원은 어느쪽입니까?

B 저쪽입니다.

A 저것은 무엇입니까?

B 저것은 도꾜타워입니다.

A 당신은 관광객입니까?

B 아니오, 나는 관광객이 아닙니다. 유학생입니다.

A 죄송합니다만, 프라자호텔은 어느쪽입니까?

B 저쪽입니다.

A 감사합니다.

새로운 단어

1. 관광객 : 観光客(かんこうきゃく)

2. 공원 : 公園(こうえん)

3. 유학생 : 留学生(りゅうがくせい)

4. 무엇 : 何(なに), 何(なん)

문장 설명

1. ~です。 : ① ~だ의 정중체 : だ 대신에 です를 붙인다.

   ② 형용동사의 정중체 :

   静(しず)かだ(조용하다) → 静(しず)かです。(조용합니다.)

2. 何(なん)ですか。 : 무엇입니까?

관련단어 익히기

● 지시대명사

근칭	중칭	원칭	부정칭
이	그	저	어느
この	その	あの	どの
이것	그것	저것	어느 것
これ	それ	あれ	どれ
여기	거기	저기	어디
ここ	そこ	あそこ	どこ
이쪽	그쪽	저쪽	어느 쪽
こちら/こっち	そちら/そっち	あちら/あっち	どちら/どっち

4 私(わたし)は キムと 申(もう)します。

~と 申(もう)します。/~と いいます。/~です。

more

A はじめまして。キムと 申(もう)します。

どうぞ よろしく お願(ねが)いします。

B 花子(はなこ)と 申(もう)します。こちらこそ どうぞ よろしく お願(ねが)いします。

キムさんは 大学生(だいがくせい)ですか。

A はい、 そうです。 韓国大学(かんこくだいがく)の 一年生(いちねんせい)です。

B キムさんは 去年(きょねん) 高校生(こうこうせい)でしたね。

A はい、去年(きょねん)は 高校生(こうこうせい)でした。

花子(はなこ)さんも 大学生(だいがくせい)ですか。

B はい、そうです。

A 専攻(せんこう)は 何(なん)ですか。

B 私(わたし)の 専攻(せんこう)は ホテル経営学(けいえいがく)です。

나는 김이라고 합니다.

~라고 합니다. /~입니다.

more

A 처음 뵙겠습니다. 김이라고 합니다.
잘 부탁드립니다.

B 하나꼬라고 합니다. 저야말로 잘 부탁드리겠습니다.
김씨는 대학생입니까?

A 예 그렇습니다. 저는 한국대학 1학년입니다.

B 김씨는 작년에 고교생이었지요?

A 예, 작년에는 고교생이었습니다.
하나꼬씨도 대학생입니까?

B 예, 그렇습니다.

A 전공은 무엇입니까?

B 제 전공은 호텔경영학입니다.

새로운 단어

1. 대학 : 大学(だいがく)

2. 전공/전문 : 専攻(せんこう)/専門(せんもん)

3. 고교생 : 高校生(こうこうせい)

4. 대학생 : 大学生(だいがくせい)

5. 작년(지난해) : 昨年(さくねん)/去年(きょねん)

6. 호텔경영학 : ホテル経営学(けいえいがく)

문장 설명

1. ~と 申(もう)します。 : ~です。의 겸양표현

2. ~です。의 활용

현재(미래) : ~입니다.	~ です。
의문: ~입니까?	~ ですか。
부정 : ~이 아닙니다.	~ では(じゃ) ありません。
과거 : ~이었습니다.	~ でした。
과거 의문 : ~이었습니까?	~ でしたか。
과거 부정 : ~이 아니었습니다.	~ では(じゃ) ありませんでした。
과거 부정 의문 : ~이 아니었습니까?	~ では(じゃ) ありませんでしたか。

관련단어 익히기

• 교육기관

유치원	소학교 (초등학교)	중학교	고교	대학	대학교	대학원
ようちえん 幼稚園	しょうがっこう 小学校	ちゅうがっこう 中学校	こうこう 高校	だいがく 大学	だいがっこう 大学校	だいがくいん 大学院

• 전공

관광경영학	경영학	경제학	무역학	회계학	법학
かんこうけいえいがく 観光経営学	けいえいがく 経営学	けいざいがく 経済学	ぼうえきがく 貿易学	かいけいがく 会計学	ほうがく 法学

5 おはようございます。

あいさつ

more

おはようございます。

こんにちは。

こんばんは。

さようなら。

おやすみなさい。

お元気(げんき)ですか。

ありがとうございます。

どういたしまして。

すみません。

失礼(しつれい)します。

ごめんなさい。

いらっしゃいませ。

お久(ひさ)しぶりですね。

안녕하세요.

인사

more

안녕하세요(아침 인사).

안녕하세요(낮 인사).

안녕하세요(밤 인사).

안녕히 계세요/안녕히 가세요(헤어질 때 인사).

안녕히 주무십시오.

건강하십니까?

감사합니다.

천만의 말씀을.

죄송합니다.

실례합니다.

미안해요/죄송합니다.

어서 오십시오.

오래간 만입니다.

6 部屋代は いくらですか。

～は いくらですか。

more

A いらっしゃいませ。 予約は しましたか。 /なさいましたか。

B はい、 昨日 電話で 予約を しました。

A すみませんが、 お名前は。

B 加藤花子です。

A はい、 ツインルーム 一部屋ですね。

B 部屋代は いくらですか。

A 一泊で 150,000ウォンです。

B お部屋は 何階に ありますか。

A 十階の 一二四号室です。

B はい, ありがとうございます。

A いいえ、 どういたしまして。

방값은 얼마입니까?

~은 얼마입니까?

more

A 어서 오십시오. 예약은 하셨습니까?

B 예, 어제 전화로 예약을 했습니다.

A 죄송합니다만, 성함은.

B 가또 하나꼬입니다.

A 예, 트윈룸 1개 군요.

B 방값은 얼마입니까?

A 1박에 150,000원입니다.

B 방은 몇 층에 있습니까?

A 10층, 124호실입니다.

B 예, 고마워요.

A 아니오, 천만의 말씀을.

새로운 단어

1. 예약 : 予約(よやく)

2. 전화 : 電話(でんわ)

3. 방값 : 部屋代(へやだい)

4. 얼마 : いくら

5. 이름 : 名前(なまえ)

6. 정말 : 本当(ほんとう)

문장 설명

1. ~で : ① 수단이나 재료를 가리킨다.「~으로, ~로서」

 • 足(あし)で あるく。(발로 걷다.)

 • 鉛筆(えんぴつ)で 字を かく。(연필로 글씨를 쓴다.)

 ② 장소를 가리킨다.「~에서」 学校(がっこう)で(학교에서)

 ③ 원인 , 이유를 가리킨다. 「~때문에 , ~으로」

 • 病気(びょうき)で くるしむ。(병으로 고생한다.)

 • ある 事件(じけん)で しんだ。(어떤 사건으로 죽었다.)

 ④ 동작이 행해지는 시간적 관계를 가리킨다.「~에」

 • 後(あと)で 行(い)く。(다음에 간다.)

관련단어 익히기

● 숫자 익히기

1	2	3	4	5
いち	に	さん	よん/し	ご
6	7	8	9	10
ろく	なな/しち	はち	きゅう/く	じゅう

10	20	30	40	50
じゅう	にじゅう	さんじゅう	よんじゅう	ごじゅう
60	70	80	90	100
ろくじゅう	ななじゅう/しちじゅう	はちじゅう	きゅうじゅう	ひゃく

100	200	300	400	500
ひゃく	にひゃく	さんびゃく	よんひゃく	ごひゃく
600	700	800	900	1,000
ろっぴゃく	ななひゃく	はっぴゃく	きゅうひゃく	せん/いっせん

1,000	2,000	3,000	4,000	5,000
せん/いっせん	にせん	さんぜん	よんせん	ごせん
6,000	7,000	8,000	9,000	10,000
ろくせん	ななせん	はっせん	きゅうせん	いちまん

10,000	100,000	1,000,000	10,000,000	100,000,000
いちまん	じゅうまん	ひゃくまん	いっせんまん	いちおく

7 和食(わしょく)は 三階(さんがい)に あります。

～は　～に　あります。

more

A　いらっしゃいませ。

B　すみませんが、 和食(わしょく)は 何階(なんがい)に ありますか。

A　和食(わしょく)は 三階(さんがい)に あります。

B　エレベーターは どこに ありますか。

A　あちらの すみに あります。

B　では、 トイレ(お手洗(てあら)い)は どこに ありますか。

A　入(い)り口(ぐち)の 右側(みぎがわ)に あります。

～は ～に います。/いらっしゃいます。

more

A 私(わたし)は ロビーに います。 友(とも)だちと 一緒(いっしょ)に います。

花子(はなこ)さんは どこに いますか。 /いらっしゃいますか。

B 花子(はなこ)さんは お部屋(へや)に います。 /いらっしゃいます。

일식은 3층에 있습니다.

~는 ~에 있습니다.

more

A 어서 오십시오.

B 죄송합니다만 일식은 몇 층에 있습니까?

A 일식은 3층에 있습니다.

B 엘리베이터는 어디에 있습니까?

A 저쪽 구석에 있습니다.

B 그러면, 화장실은 어디에 있습니까?

A 입구 오른쪽에 있습니다.

~는 ~에 있습니다. /계십니다.

more

A 나는 로비에 있습니다. 친구와 함께 있습니다.

하나꼬씨는 어디에 있습니까? /계십니까?

B 하나꼬씨는 방에 있습니다. /계십니다.

새로운 단어

1. 일식 : 和食(わしょく)
2. 화장실 : トイレ/お手洗い(てあら)
3. 오른쪽/왼쪽 : 右側(みぎがわ)/左側(ひだりがわ)
4. 함께 : いっしょに
5. 친구 : 友(とも)だち
6. 구석 : すみ
7. 출입구/입구/출구 : 出入り口(でいりぐち)/入り口(いりぐち)/出口(でぐち)

문장 설명

1. あります(ある)。 : 무생명체 - ある(있다), あります(있습니다)

   * 時計(とけい)が ある。 시계가 있다.

2. います(いる) : 생명체 - いる(있다), います(있습니다)

   * 人(ひと)が いる 。 사람이 있다.

3. ます의 활용

현재(미래) : ~ㅂ니다	~ます。
의문: ~ㅂ니까?	~ますか。
부정 : ~지 않습니다	~ません。
과거 : ~ㅆ습니다	~ました。
과거 의문 : ~ㅆ습니까?	~ましたか。
과거 부정 : ~지 않았습니다	~ませんでした。
과거 부정 의문 : ~지 않았습니까?	~ませんでしたか。

관련단어 익히기

- 층(階)

1階	2階	3階	4階	5階
いっかい	にかい	さんがい	よんかい	ごかい
6階	7階	8階	9階	10階
ろっかい	ななかい	はっかい/ はちかい	きゅうかい	じゅっかい/ じっかい
20階	30階	40階	50階	몇階
にじゅっかい/ にじっかい	さんじゅっかい/ さんじっかい	よんじゅっかい/ よんじっかい	ごじゅっかい/ ごじっかい	なんかい

8 何時間ぐらい かかりますか。

～ぐらい かかりますか。

more

A　今日は 何を する 予定ですか。

B　花子さんと 一緒に 札幌へ 行きます。

A　どうやって 行きますか。

B　飛行機で 行きます。

A　何時の 飛行機ですか。

B　午後　4時45分の 飛行機です。

A　札幌まで 何時間ぐらい かかりますか。

B　一時間 十五分ぐらい かかります。

A　札幌では 何を する予定ですか。

B　雪祭(ゆきまつ)りを みに 行(い)く 予定(よてい)です。

A　札幌(さっぽろ)は 雪祭(ゆきまつ)りで 有名(ゆうめい)な 観光地(かんこうち)ですね。

私(わたし)も 行(い)って みたいと 思(おも)います。

B　このつぎには 是非(ぜひ) 一緒(いっしょ)に 行(い)きましょう。

몇시간 정도 걸립니까?

~정도 걸립니까?

more

A 오늘은 무엇을 할 예정입니까?

B 하나꼬씨와 함께 삿뽀로에 갑니다.

A 무엇을 타고 갑니까?

B 비행기로 갑니다.

A 몇시 비행기입니까?

B 오후 4시 45분 비행기입니다.

A 삿뽀로까지 몇 시간 정도 걸립니까?

B 1시간 15분 정도 걸립니다.

A 삿뽀로에서는 무엇을 할 예정입니까?

B 눈 축제를 구경할 예정입니다.

A 삿뽀로는 눈 축제로 유명한 관광지이지요.
나도 가보고 싶습니다.

B 다음에는 꼭 함께 갑시다.

새로운 단어

1. 생각하다 : 思う(おも)
2. 타다 : 乗る(の)
3. 비행기 : 飛行機(ひこうき)
4. 오후/오전 : 午後/午前(ごご/ごぜん)
5. 유명하다 : 有名だ(ゆうめい)
6. 시간 : 時間(じかん)
7. 걸리다 : かかる
8. 눈 : 雪(ゆき)
9. 축제 : 祭り(まつ)
10. 관광지 : 観光地(かんこうち)

문장 설명

1. ~に のる。 :「~을 타다」의 뜻으로 조사 [~に]를 쓴다.
   - 조사 "に" 사용에 주의해야 할 동사

~을 타다.	~に 乗る(の)。
~를 만나다.	~に 会う(あ)。
~을 이기다.	~に 勝つ(か)。
~을 닮았다.	~に 似る(に)。
~이 되다.	(체언, 형용동사)に なる。

2. ~まで : 시간 혹은 기간, 장소 등의 종점을 나타내는 조사이다.
   ① 동작, 시간, 장소가 끝나는 점을 나타낸다.(~까지)
   - 学校(がっこう)までは とおいです。

• いつまで 勉強しますか。(언제까지 공부합니까?)

② 한 사실을 들어, 다른 것을 유추한다.(~조차, 까지)

• やめようとまで 思った。(그만 두려고까지 생각했다.)

③ 정도나 한도를 나타낸다.(~할 뿐 , 하기 밖에)

• ちょっと ためして みたまでだ。(좀 시도해 보았을 뿐이다.)

• やられたら いくまでだ。(당하면 끝장나기 밖에 더 하겠나.)

• ~から : 시간 혹은 기간, 장소 등의 기점을 나타내는 조사이다.

① 출발점을 가리킨다.(~으로부터, ~에서)

• あの 鳥は 南の 方から 北の方へ とんで いく。

(저 새는 남쪽에서 북쪽으로 날아간다.)

② 범위나 순서의 기준을 가리킨다.(~으로부터, ~에서)

• ここからは ぼくの 村だ。(여기부터는 우리 마을이다.)

3. ~くらい : ① 정도를 나타낸다.(~쯤, 정도)

• 毎日 お金を どのぐらい 使いますか。(매일 돈을 어느 정도 쓰십니까?)

② 비교를 나타낸다.(~만큼)

• 私も あなたぐらい 日本語が できます。

(저도 당신만큼 일본어를 할 수 있습니다.)

• ほど : ① 정도를 나타낸다.(~쯤, 정도)

• 千円ほど かして くださいませんか。

(천엔 정도 빌려주시지 않겠습니까?)

③ 비교를 나타낸다.(~만큼)

• 去年の 夏ほど あつくは ない。(작년 여름만큼 덥지는 않다.)

④ ~할수록

• かめば かむほど 甘く なる。(씹으면 씹을 수록 달다.)

4. ~ましょう : 동사 연형용 + ましょう는 권유표현으로 ~하시죠, ~합시다로 쓰인다.

관련단어 익히기

• 탈것

버스	시내버스	시외버스	고속버스	관광버스
バス	市内(しない)バス	市外(しがい)バス	高速(こうそく)バス	観光(かんこう)バス
비행기	지하철	기차	전차	배
飛行機(ひこうき)	地下鉄(ちかてつ)	汽車(きしゃ)	電車(でんしゃ)	船(ふね)

• 시(時)

1時	2時	3時	4時	5時	6時
いちじ	にじ	さんじ	よじ	ごじ	ろくじ
7時	8時	9時	10時	11時	12時
しちじ/ななじ	はちじ	くじ	じゅうじ	じゅういちじ	じゅうにじ

• 분(分)

1分	2分	3分	4分	5分
いっぷん	にふん	さんぷん	よんぷん	ごふん
6分	7分	8分	9分	10分
ろっぷん	ななふん	はっぷん/ はちふん	きゅうふん	じゅっぷん/ じっぷん
20分	30分	40分	50分	몇 분(何分)
にじゅっぷん/ にじっぷん	さんじゅっぷん/ さんじっぷん	よんじゅっぷん/ よんじっぷん	ごじゅっぷん/ ごじっぷん	なんぷん

9 今日(きょう)は 何月何日(なんがつなんにち)ですか。

～は 何月何日(なんがつなんにち)ですか。

more

A 花子(はなこ)さん、 今日(きょう)は 何月何日(なんがつなんにち)ですか。

B 五月(ごがつ) ２０日(はつか)です。

A キムさんは いつ 日本(にほん)に 来(き)ましたか。 /いらっしゃいましたか。

B 先月(せんげつ)の 二日(ふつか)に 来(き)ました。

A そのあいだ どこを 旅行(りょこう)しましたか。

B 東京(とうきょう)、 大阪(おおさか)、 京都(きょうと)、 奈良(なら)、 札幌(さっぽろ) などを 旅行(りょこう)しました。

A 温泉(おんせん)にも 入(はい)りましたか。

B はい、 箱根(はこね)の 露天風呂(ろてんぶろ)に 入(はい)りました。

A いつ 韓国(かんこく)へ 帰(かえ)る 予定(よてい)ですか。

B　来月の 四日に 韓国へ 帰ります。

A　韓国では どんな お仕事を していますか。 / なさっていますか。

B　今回 戻ると 旅行会社に 勤めるつもりです。

오늘은 몇월 몇일입니까?

~는(은) 몇월몇일입니까?

more

A 하나꼬씨, 오늘이 몇월 몇일입니까?

B 5월 20일입니다.

A 김씨는 언제 일본에 오셨습니까?

B 지난달 2일에 왔습니다.

A 그동안 어디를 여행하셨습니까?

B 도꾜, 오사까, 교또, 나라, 삿뽀로 등을 여행했습니다.

A 온천욕도 하셨습니까?

B 예, 하꼬네의 노천탕에서 온천욕을 했습니다.

A 언제 한국으로 돌아갈 예정입니까?

B 다음달 4일 한국으로 돌아갑니다.

A 한국에서는 무슨 일을 하십니까?

B 이번에 돌아가면 여행사에서 근무할 예정입니다.

새로운 단어

1. 몇월 : 何月(なんがつ)
2. 몇일 : 何日(なんにち)
3. 언제 : いつ
4. 지난달 : 先月(せんげつ)
5. 여행 : 旅行(りょこう)
6. 온천욕을 하다 : 温泉(おんせん)に 入(はい)る
7. 근무하다 : 勤務(きんむ)する, 勤(つと)める
8. 노천탕: 露天風呂(ろてんぶろ)
9. 돌아가다 : 帰(かえ)る
10. 다음달 : 来月(らいげつ)
11. 일(업무) : 仕事(しごと)
12. 되돌아가다 : 戻(もど)る
13. 여행사 : 旅行社(りょこうしゃ)
14. 이번 : 今回(こんかい)

문장 설명

1. ～に : ① 장소나 시간을 가리킨다.(～에)

    • 海(うみ)に ちかい。(바다에 가깝다.)

    ② 도착하는 장소를 가리킨다.(～에)

    • 学校(がっこう)に いく。日本(にほん)に いく。

    ③ 동작의 목적을 가리킨다.(～하러)

    • 本(ほん)を かいに いく。(책을 사러 간다.)

    • 栗(くり)を ひろいに いく。(밤을 줏으러 간다.)

2. ～へ : ① 방향을 가리킨다.(～으로)

    • 東(ひがし)へ すすむ。(동쪽으로 전진한다.)

    • 右(みぎ)へ まがる。(오른 쪽으로 돈다.)

② 도착하는 장소를 가리킨다.(～에)

• 日本へ いく。

3. ～など : 모든 단어에, 용언에는 종지형에 이어진다.

① 어떤 것을 예로 든 다음, 그밖에도 또 있다는 뜻을 나타낸다.
(～등, ～따위, ～같은 것)

• つくえの 上に 鉛筆などが ある。

(책상 위에 연필 등이 있다.)

② 별것 아니란 뜻, 즉 경멸하는 투의 뜻을 나타낸다.(～같은 것)

• わたしなどは もう だめです。

(저 같은 것은 이제 글렀습니다.)

4. 동사 기본형 + つもり : ～할 생각이다, ～할 예정이다

동사 기본형 + 予定 : ～할 생각이다, ～할 예정이다

• 동사 기본형 + 予定だ(확정된 예정), つもりだ(의도)

관련단어 익히기

• 일(日)

1日	2日	3日	4日	5日
ついたち	ふつか	みっか	よっか	いつか
6日	7日	8日	9日	10日
むいか	なのか	ようか	ここのか	とおか
11日	14日	20日	24日	몇일(何日)
じゅういちにち	じゅうよっか	はつか	にじゅうよっか	なんにち

- 1월(月)～12월(月)

正月(명절:설)	1月	2月	3月	4月
しょうがつ	いちがつ	にがつ	さんがつ	しがつ
5月	6月	7月	8月	9月
ごがつ	ろくがつ	しちがつ	はちがつ	くがつ
10月	11月	12月	몇 월(何月)	
じゅうがつ	じゅういちがつ	じゅうにがつ	なんがつ	

- 날짜

그저께	어제	오늘	내일	모레
一昨日(おととい)	昨日(きのう)	今日(きょう)	明日(あした)	明後日(あさって)

- 주(週)

지 지난주	지난주	금주	다음주	다 다음주
先々週(せんせんしゅう)	先週(せんしゅう)	今週(こんしゅう)	来週(らいしゅう)	再来週(さらいしゅう)

- 월(月)

지 지난달	지난달	이달	다음달	다 다음달
先々月(せんせんげつ)	先月(せんげつ)	今月(こんげつ)	来月(らいげつ)	再来月(さらいげつ)

- 년(年)

재작년	작년	금년	내년	내후년
一昨年(おととし)	昨年(さくねん)/去年(きょねん)	今年(ことし)	来年(らいねん)	再来年(さらいねん)

10 日本茶(にほんちゃ)を 買(か)いに 行(い)きます。

～に 行(い)きます。

more

A すみませんが、 この辺(へん)に お土産屋(みやげや)は ありませんか。

B あちらの 交差点(こうさてん)に お土産屋(みやげや)が あります。

何(なに)を 買(か)いに 行(い)きますか。

A 日本茶(にほんちゃ)を 買(か)いに 行(い)きます。

- お土産屋(みやげや)で

A この お茶(ちゃ)は いくらですか。

C それは ひとつ 5,000円(えん)です。

A とても 高(たか)いですね。 もっと 安(やす)いのは ありませんか。

C あれは 4,000円(えん)です。

A　もう 少(すこ)し 安(やす)くして くださいませんか。

C　すみませんが、 私(わたし)の店(みせ)では 定価(ていか)です。

A　はい、 わかりました。 それを プレゼント用(よう)に 包(つつ)んで ください。

C　はい、 本当(ほんとう)に ありがとうございます。

일본 茶를 사러 갑니다.

~하러 갑니다.

more

A 죄송합니다만, 이 근처에 토산품점은 없습니까?

B 저쪽 사거리에 토산품점이 있습니다.
무엇을 사러 가십니까?

A 일본차를 사러 갑니다.

• 토산품점에서

A 이 차는 얼마입니까?

C 그것은 한 개에 5,000엔입니다.

A 대단히 비싸군요. 좀더 싼 것은 없습니까?

C 저것은 4,000엔입니다.

A 조금 더 싸게 해 주시지 않겠습니까?

C 죄송합니다만, 우리 상점에서는 정가입니다.

A 예 알겠습니다. 저것을 선물용으로 포장해 주십시오.

C 예 대단히 감사합니다.

새로운 단어

1. 근처 :辺(へん)
2. 토산품점: お土産屋(みやげや)
3. 사거리 : 交差点(こうさてん)
4. 사다 :買(か)う
5. 차 : お茶(ちゃ)
6. 얼마 : いくら
7. 상점 : 商店(しょうてん)
8. 대단히 : とっても, とても
9. 비싸다 :高(たか)い
10. 싸다 : 安(やす)い
11. 정가 : 定価(ていか)
12. 선물용: プレゼント用(よう)
13. 포장하다 : 包(つつ)む
14. 좀더 : もっと

문장 설명

1. 동사 연용형, 명사 + に : 목적을 나타낸다「~하러 」
2. ~は いくらですか。 : ~는 얼마입니까.
3. ~て ください。 : ~해 주세요(부탁합니다).

관련단어 익히기

• 쇼핑할 곳

시장	백화점	상점/가게	면세점	토산품점
市場(いちば)	百貨店(ひゃっかてん)/デパート	商店(しょうてん)/店(みせ)	免税店(めんぜいてん)	お土産屋(みやげや)

쇼핑센타	할인점	수퍼마켓	쇼핑몰
ショッピング センター	割引店(わりびきてん)	スーパーマーケット	ショッピングモール

• 갯수(나이) 익히기

하나	둘	셋	넷	다섯	여섯
ひとつ	ふたつ	みっつ	よっつ	いつつ	むっつ
일곱	여덟	아홉	열	열 하나	몇개(몇살)
ななつ	やっつ	ここのつ	とお	じゅういち	いくつ

11

キムさんは お酒(さけ)が 好(す)きですか。

～が 好(す)きですか。

more

A 本当(ほんとう)に お久(ひさ)しぶりですね。 お元気(げんき)ですか。

B はい、 おかげさまで 元気(げんき)です。 キムさんは いかがですか。

A はい、 私(わたし)も おかげさまで。 花子(はなこ)さんは どんな お酒(さけ)が 好(す)きですか。

B 私(わたし)は 韓国(かんこく)の マッコリが 好(す)きです。

A では、 私(わたし)は 日本酒(にほんしゅ)を 飲(の)みます。

B お冷(ひ)やに しますか、 それとも お熱(あつ)かんに しますか。

A お冷(ひ)やを お願(ねが)いします。

B おつまみは 何(なに)が いいですか。

A お刺身(さしみ)と 野菜(やさい)てんぷらと それから キムチを ください。

B キムさんは お酒が 好きですか。

A はい、 大好きです。

B 飲み過ぎは 健康に よくないです。 気をつけて ください。

김씨는 술을 좋아합니까?

~을 좋아합니까?

more

A 정말로 오래간만입니다. 건강하셨습니까?

B 예, 덕분에 건강합니다. 김씨는 어떻습니까?

A 저도 덕분에. 하나꼬씨는 어떤 술을 좋아하십니까?

B 저는 한국의 막걸리를 좋아합니다.

A 그러면, 저는 일본주를 마시겠습니다.

B 찬 것으로 하실까요? 아니면 따뜻한 것으로 하실까요?

A 찬 것을 주십시오.

B 안주는 무엇이 좋겠습니까?

A 생선회와 야채튀김 그리고 김치를 주십시오.

B 김씨는 술을 좋아하십니까?

A 예, 대단히 좋아합니다.

B 과음은 건강에 좋지 않습니다. 주의하세요.

새로운 단어

1. 좋아하다 : 好(す)きだ
2. 술 : お酒(さけ)
3. ～을 주십시오 : ～を ください。
4. 차다 : 冷(つめ)たい
5. 따듯하다 : 暖(あたた)かい
6. 조심하다 : 気(き)をつける
7. 나쁘다 : わるい
8. 건강 : 健康(けんこう)
9. 마시다 : 飲(の)む
10. 과음 : 飲(の)み過(す)ぎ
11. 안주 : おつまみ
12. 생선회 : お刺身(さしみ)
13. 야채튀김 : 野菜(やさい)てんぷら
14. 대단히 좋아하다 : 大好(だいす)きだ

문장 설명

1. 오래간만입니다 : お久(ひさ)しぶりです。
2. 어떻습니까? : どうですか。(いかがですか。)
3. ～편입니다 : ～ほうです。

관련단어 익히기

• 술

일본술(정종)	맥주(麦酒)	생맥주	병맥주	흑맥주
日本酒(にほんしゅ)	ビール	生(なま)ビール	瓶(びん)ビール	黒(くろ)ビール
캔맥주	소주	양주	위스키	칵테일
かんビール	焼酎(しょうちゅう)	洋酒(ようしゅ)	ウイスキー	カクテル

● 안주

과일	땅콩	오징어	팝콘	야채
果物(くだもの)/フルーツ	ピーナッツ	するめ/いか	ポップコーン	野菜(やさい)
생선회	튀김	어묵	초밥	생선구이
刺身(さしみ)	てんぷら	おでん	寿司(すし)	焼き魚(やきざかな)

● 야채

배추	무	시금치	당근	파/마늘
白菜(はくさい)	大根(だいこん)	ほうれんそう	人参(にんじん)	ねぎ/にんにく
양파	오이	고추	가지	호박
玉ねぎ(たまねぎ)	きゅうり	とうがらし	なす	かぼちゃ
고구마	감자	우엉	죽순	연근
さつまいも	じゃがいも	ごぼう	竹の子(たけのこ)	蓮根(れんこん)

12 退勤してから 主に 何を しますか。

～てから

A　この 旅行会社に 何年ぐらい 勤務しましたか。

B　今年で 五年に なります。

A　はじめから この 旅行会社に 勤務していますか。

B　いいえ、 三年前に この 旅行会社に 入りました。

A　今 課長でしょう。 担当業務は 何ですか。

B　日本の 国内観光の 案内です。

A　従業員は 何人ですか。

B　社長を 含めて 三十人です。 社長は あそこの 女性の方です。

A　若くて とても 美人ですね。 退勤は 何時ですか。

B　だいたい 六時(ろくじ)ごろに 退勤(たいきん)します。

A　退勤(たいきん)してから 主(おも)に 何(なに)を しますか。

B　簡単(かんたん)な 運動(うんどう)を します。

퇴근하고 나서 주로 무엇을 합니까?

~하고 나서

more

A 이 여행사에서 몇년정도 근무하셨습니까?

B 올해로 5년이 됩니다.

A 처음부터 이 여행사에 근무하셨습니까?

B 아닙니다. 3년 전에 이 여행사에 들어왔습니다.

A 지금 과장이시지요. 담당업무는 무엇입니까?

B 일본 국내관광 안내입니다.

A 종업원은 몇 명입니까?

B 사장을 포함해서 30명입니다. 사장은 저쪽의 여성분입니다.

A 젊고 굉장히 미인이시네요. 퇴근은 몇시에 하십니까?

B 대개 6시쯤 퇴근을 합니다.

A 퇴근하고 나서 주로 무엇을 하십니까?

B 간단한 운동을 합니다.

새로운 단어

1. 여행사 : 旅行社(りょこうしゃ)
2. 근무 : 勤務(きんむ)
3. 처음부터 : 始(はじ)めから
4. 과장 : 課長(かちょう)
5. 담당업무 : 担当業務(たんとうぎょうむ)
6. 국내관광 : 国内観光(こくないかんこう)
7. 여성 분 : 女性(じょせい)の方(かた)
8. 굉장히 : とても
9. 젊다 : 若(わか)い
10. 미인 : 美人(びじん)
11. 퇴근 : 退勤(たいきん)
12. 직원 : 従業員(じゅうぎょういん)
13. 몇명 : 何名(なんめい)
14. 사장 : 社長(しゃちょう)
15. 간단하다 : 簡単(かんたん)だ
16. 운동 : 運動(うんどう)

문장 설명

1. ~을 포함해서 : ~を 含(ふく)めて
2. ~하고 나서 : ~てから

관련단어 익히기

● 회사 직위

회장	부회장	사장	부사장	전무
会長(かいちょう)	副会長(ふくかいちょう)	社長(しゃちょう)	副社長(ふくしゃちょう)	専務(せんむ)
상무	이사	부장	차장	과장
常務(じょうむ)	理事(りじ)	部長(ぶちょう)	次長(じちょう)	課長(かちょう)
대리	계장	주임	사원	경리
代理(だいり)	係長(かかりちょう)	主任(しゅにん)	社員(しゃいん)	経理(けいり)

● 형용사 반대어

멀다	가깝다	빠르다	느리다	강하다	약하다
遠(とお)い	近(ちか)い	速(はや)い	遅(おそ)い	強(つよ)い	弱(よわ)い
높다	낮다	크다	작다	길다	짧다
高(たか)い	低(ひく)い	大(おお)きい	小(ちい)さい	長(なが)い	短(みじか)い
깊다	얕다	많다	적다	비싸다	싸다
深(ふか)い	浅(あさ)い	多(おお)い	少(すく)ない	高(たか)い	安(やす)い
덥다	춥다	뜨겁다	차다	좋다	나쁘다
暑(あつ)い	寒(さむ)い	熱(あつ)い	冷(つめ)たい	良(い)い/良(よ)い	わるい
어렵다	쉽다	밝다	어둡다	굵다	가늘다
難(むずか)しい	易(やさ)しい	明(あか)るい	暗(くら)い	太(ふと)い	細(ほそ)い
넓다	좁다	두껍다	얇다	새롭다	오래되다
広(ひろ)い	狭(せま)い	厚(あつ)い	薄(うす)い	新(あたら)しい	古(ふる)い

13 今日(きょう)は すごく あつい日(ひ)ですね。

～より　～です。

more

A　すみませんが、 キムさんの お宅(たく)ですか。

B　花子(はなこ)さんですね。 どうぞ お入(はい)りなさい。

A　お招(まね)き いただきまして、 本当(ほんとう)に ありがとうございます。

B　どういたしまして。

私(わたし)の 妻(つま)と 息子(むすこ)と 娘(むすめ)です。

A　お目(め)に かかれて うれしいです。

今日(きょう)は すごく あつい日(ひ)ですね。

B　はい、 今日(きょう)は 特(とく)に あつい日(ひ)です。

日本(にほん)も このごろは あついでしょう。

A　はい、 日本(にほん)は 韓国(かんこく)より あついです。

B　つまらない物ですが、 たくさん めしあがって ください。

A　いただきます。 キムチと みそしるが おいしいですね。

B　日本の方も キムチが 好きですか。

A　はい、 最近は 日本人も キムチを たくさん 食べています。

오늘은 굉장히 더운 날이네요.

~보다 ~합니다.

more

A 죄송합니다만 김씨 댁입니까?

B 하나꼬씨군요. 어서 들어오십시오.

A 초대해 주셔서 대단히 감사합니다.

B 천만에 말씀입니다. 제 아내이고 아들과 딸입니다.

A 만나 뵙게 되어서 기쁩니다. 오늘은 굉장히 덥군요.

B 예, 오늘은 특히 더운 날입니다. 일본도 요즘 덥겠지요?

A 예, 일본은 한국보다 훨씬 덥습니다.

B 차린 것은 없지만 많이 드십시오.

A 잘 먹겠습니다. 김치와 된장국이 맛있네요.

B 일본사람도 김치를 좋아합니까?

A 예, 요즘은 일본사람들도 김치를 많이 먹습니다.

새로운 단어

1. 댁 : お宅(たく)
2. 들어오다 : 入(はい)る
3. 초대 : 招待(しょうたい) / お招(まね)き
4. 아내 : 妻(つま)
5. 아들 : 息子(むすこ)
6. 딸 : 娘(むすめ)
7. 만나다 : 会(あ)う
8. 드시다 : 召(め)し上(あ)がる
9. 기쁘다 : 嬉(うれ)しい
10. 덥다 : 暑(あつ)い
11. 요즘(최근) : 最近(さいきん)
12. 된장국 : 味噌汁(みそしる)
13. 맛있다 : 美味(おい)しい
14. 사람 : 人(ひと)
15. 먹다 : 食(た)べる
16. ~보다 : ~より

문장 설명

1. ~より : ① 비교의 기준을 가리킨다.(~보다)
   ② [~하는 수밖에]의 뜻으로도 쓰인다.
   - しぬより 方法(ほうほう)が ない。(죽는 수밖에 없다.)

2. 暑(あつ)い, 熱(あつ)い, 厚(あつ)い :
   (1) 덥다
   (2) 뜨겁다 ① 열이(온도가) 높다
   ② 열렬하다, 열정적이다
   (3) ① 두껍다 ② (인정 등이) 두텁다
   ③ 독실하다 ④ 위독하다

관련단어 익히기

- 계절과 기온

계 절	기 온	계 절	기 온
봄 : 春(はる)	따뜻하다 : 暖(あたた)かい	가을 : 秋(あき)	시원하다 : 涼(すず)しい
여름 : 夏(なつ)	덥다 : 暑(あつ)い	겨울 : 冬(ふゆ)	춥다 : 寒(さむ)い

- 가족 호칭

呼 称	낮춤말(자기쪽), 자기가족 호칭	높임말(상대쪽)
할아버지	祖父(そふ)	おじいさん
할머니	祖母(そぼ)	おばあさん
아버지	父(ちち)	おとうさん
어머니	母(はは)	おかあさん
남편	主人(しゅじん)	ごしゅじん
아내, 부인	家内(かない), 妻(つま)	おくさん
형・오빠	兄(あに)	おにいさん
누나・언니	姉(あね)	おねえさん
남동생	弟(おとうと)	おとうとさん
여동생	妹(いもうと)	いもうとさん
아들	息子(むすこ)	むすこさん
딸	娘(むすめ)	むすめさん
손자・손녀	孫(まご), 孫息子(まごむすこ), 孫娘(まごむすめ)	おまごさん
아저씨	叔父(おじ)	おじさん

呼 称	낮춤말(자기쪽), 자기가족 호칭	높임말(상대쪽)
아주머니	叔母(おば)	おばさん
양친・부모	両親(りょうしん)	ごりょうしん
형제	兄弟(きょうだい)	ごきょうだい
애・아이	子供(こども)	おこさん
친척	親戚(しんせき)	ごしんせき
사위	婿(むこ)	おむこさん
며느리	嫁(よめ)	およめさん

- 일반식사 음식(일식)

밥	된장국	생선구이	김
ご飯(はん)	味噌汁(みそしる)	焼(や)き魚(ざかな)	海苔(のり)
일본식 김치	조림	찜	튀김
おしんこ	煮付(につ)け / 煮物(にもの)	煮詰(につ)めた物(もの)	てんぷら / 揚(あ)げ物(もの)

- 맛에 관한 표현

맛있다	맛없다	싱겁다	짜다
美味(おい)しい	不味(まず)い	水(みず)っぽい / 淡(あわ)い	塩辛(しおから)い
맵다	시다	쓰다	달다
辛(から)い	すっぱい	苦(にが)い	甘(あま)い
떫다			
渋(しぶ)い			

14 韓国の 国花は 何か 知って いますか。

～て いますか。

more

A 日本の 国花は 何ですか。

B だいたいの 日本人は 桜だと 思って います。

A それで 日本の 公園には 桜の木が 多いんですね。

韓国の 人も 桜が とても 好きです。

東京で 桜が 一番 有名な ところは どこですか。

B 上野公園の 桜が 一番 有名です。

A 花子さん, 韓国の 国花は 何か 知って いますか。

B 韓国の 国花は むくげ(ムグンファ)でしょう。

むくげは 日本にも 沢山あります。

A 日本人(にほんじん)が 一番(いちばん) 好(す)きな 鳥(とり)は 何(なん)ですか。

B 日本(にほん)の 人(ひと)が 一番(いちばん) 好(す)きな 鳥(とり)は 雁(かり)です。

A そうですか。 韓国(かんこく)の 人(ひと)は かささぎが 一番(いちばん) 好(す)きです。

한국의 国花는 무엇인지 알고있습니까?

~고 있습니까?

more

A 일본의 국화는 무엇입니까?

B 대부분의 일본인 벚꽃이라고 생각하고 있습니다.

A 그래서 일본의 공원에는 벚나무가 많군요.

한국사람들도 벚꽃을 무척 좋아합니다.

東京에서 벚꽃이 가장 유명한 곳은 어디입니까?

B 우에노공원의 벚꽃이 가장 유명합니다.

A 하나꼬씨, 한국의 국화는 무엇인지 알고 있습니까?

B 한국의 국화는 無窮花지요?

무궁화는 일본에도 많이 있습니다.

A 일본인이 가장 좋아하는 새는 무엇입니까?

B 일본인들이 가장 좋아하는 새는 기러기입니다.

A 그렇습니까? 한국인들은 까치를 가장 좋아합니다.

새로운 단어

1. 국화 : 国花(こっか)
2. 대부분(대개) : 大部分(だいぶぶん)、 大体(だいたい)
3. 벚꽃 : 桜(さくら)
4. 알다 : 分(わ)かる、 知(し)る
5. 벚나무 : 桜(さくら)の木(き)
6. 무궁화 : むくげ、 ムグンファ
7. 가장 : 一番(いちばん)
8. 새 : 鳥(とり)
9. 까치 : かささぎ
10. 까마귀 : からす
11. 축제 : お祭(まつ)り

문장 설명

1. ~고 있습니다 : ~て います。
2. ~로 유명합니다 : ~で 有名(ゆうめい)です。
3. ~을 가장 좋아합니다 : ~が 一番(いちばん) 好(す)きです。

관련단어 익히기

- 꽃

무궁화	벚꽃	백합	국화	동백꽃
むくげ	桜(さくら)	ゆり	菊(きく)	椿(つばき)
진달래	모란	해바라기	장미	제비꽃
つつじ	ぼたん	ひまわり	ばら	すみれ
수국	수선화	나팔꽃	채송화	백일홍
あじさい	すいせん	あさがお	まつばぼたん	さるすべり

- 새(鳥)

참새	제비	종달새	갈매기	비둘기
すずめ	つばめ	ひばり	鴎(かもめ)	はと
오리	거위	칠면조	까치	까마귀
鴨(かも), 家鴨(あひる)	がちょう	しちめんちょう	かささぎ	からす
공작새	꿩	독수리	기러기	
孔雀(くじゃく)	雉(きじ)	はげわし	雁(かり)	

15 富士山(ふじさん)に 登(のぼ)った ことが ありますか。

~た ことが ありますか。

more

A 景色(けしき)が とても すばらしいですね。

B ここは 観光地(かんこうち)で 有名(ゆうめい)な 箱根(はこね)です。

A あそこに 見(み)える 山(やま)が 富士山(ふじさん)ですか。

B はい、 そうです。 冬(ふゆ)の 富士山(ふじさん)が 一番(いちばん) すばらしいです。

A 花子(はなこ)さんは 富士山(ふじさん)に 登(のぼ)った ことがありますか。

B いいえ、 まだです。

A 今日(きょう)は 箱根(はこね)で 一泊(いっぱく) しますか。

B はい、 露天風呂(ろてんぶろ)が ある 旅館(りょかん)で 一泊(いっぱく) します。

A 花子(はなこ)さんは 前(まえ)にも この 温泉(おんせん)に 来(き)た ことがありますか。

B　いいえ、 今日 初めてです。

A　私は 九州の 別府温泉に 行った ことがあります。

B　別府は 温泉で 有名な ところです。

誰と 一緒に 行きましたか。

A　旅行会社の パッケージツアーで 旅行しました。

후지산에 오른 적이 있습니까?

~한 적이 있습니까?

more

A 경치기 매우 아름답군요?

B 여기는 관광지로 유명한 하꼬네입니다.

A 저기 보이는 산이 후지산입니까?

B 예, 그렇습니다. 겨울의 후지산이 가장 아름답습니다.

A 하나꼬씨는 후지산에 오른 적이 있습니까?

B 아니오, 아직입니다.

A 오늘은 하꼬네에서 1박을 합니까?

B 예, 노천탕이 있는 여관에서 1박을 합니다.

A 하나꼬씨는 전에도 이 온천에 온 적이 있습니까?

B 아니오, 지금 처음입니다.

A 나는 큐슈의 벳부온천에 간 적이 있습니다.

B 벳부는 온천으로 유명한 곳입니다.

누구와 함께 갔습니까?

A 여행사의 페키지투어로 여행했습니다.

새로운 단어

1. 경치 : 景色(けしき)
2. 멋있다 : 素晴(すば)らしい
3. 관광지 : 観光地(かんこうち)
4. 보이다 : 見(み)える
5. 산 : 山(やま)
6. 겨울 : 冬(ふゆ)
7. 더욱 : もっとも, 一番(いちばん)
8. 오르다 : 登(のぼ)る
9. 여관 : 旅館(りょかん)
10. 온천 : 温泉(おんせん)
11. 전에도 : 前(まえ)にも
12. 처음 : 初(はじ)めて
13. 누구 : 誰(だれ)
14. 함께 : 一緒(いっしょ)に

문장 설명

1. ~한 적이 있습니까? : ~た ことがありますか。
2. ~으로 유명한 곳입니다. : ~で 有名(ゆうめい)な ところです。

관련단어 익히기

● 자연관광지

산	바다	온천	계곡
山(やま)	海(うみ)	温泉(おんせん)	谷(たに)、 渓谷(けいこく)
강	섬	호수	연못
川(かわ)	島(しま)	湖(みずうみ)、 湖水(こすい)	池(いけ)
해수욕장	해변		
海水浴場(かいすいよくじょう)	海辺(うみべ)		

16

タクシーは いかがですか。

～は いかがですか。(どうですか。)

more

A おはようございます。

B はい、 おはようございます。 今日は どこを 旅行しますか。

A 今日は 計画の通り 東京の 都内観光を します。

午前は 国立博物館、午後は 皇居と 東京タワーに 行く 予定です。

B 何で 行きますか。

A 都内観光は 地下鉄に 乗れば 便利です。

B タクシーは いかがですか。

A タクシーは 地下鉄より ずっと 高いです。

B ホテルには 何時に 帰りますか。

A 夕食を してから、 八時半に 帰ります。

B 八時半からは 自由時間ですか。

A いいえ、 九時から 宴会場で さようなら パーティー が あります。

택시는 어떻습니까?

~는 어떻습니까?

more

A 안녕하십니까?

B 예, 안녕하세요. 오늘은 어디를 여행합니까?

A 오늘은 계획대로 도쿄 시내 관광을 합니다.

오전에는 국립박물관, 오후에는 황궁과 도쿄타워에 갈 예정입니다.

B 무엇을 타고 갑니까?

A 시내 관광은 지하철을 타면 편리합니다.

B 택시는 어떻습니까?

A 택시는 지하철보다 훨씬 비쌉니다.

B 호텔에는 몇시에 돌아옵니까?

A 저녁식사를 하고 나서, 8시 반에 돌아옵니다.

B 8시반부터는 자유시간입니까?

A 아닙니다. 9시부터 연회장에서 송별파티가 있습니다.

새로운 단어

1. 계획 : 計画(けいかく)
2. 시내관광 : 市内観光(しないかんこう)
3. 비싸다 : 高(たか)い
4. 타다 : 乗(の)る
5. 국립박물관 : 国立博物館(こくりつはくぶつかん)
6. 황궁 : 皇居(こうきょ)
7. 예정이다 :予定(よてい)だ
8. 지하철 : 地下鉄(ちかてつ)
9. 편리하다 : 便利(べんり)だ
10. 돌아오(가)다 : 帰(かえ)る
11. 저녁식사 : 夕食(ゆうしょく), 夕飯(ゆうはん)
12. 자유시간 : 自由時間(じゆうじかん)
13. 연회장 : 宴会場(えんかいじょう)
14. 훨씬 : ずっと

문장 설명

1. ~는 어떻습니까? : ~は いかがですか。(どうですか。)
2. ~대로 : ~通(とお)り
3. ~할 예정입니다 : ~する つもり(予定(よてい))です。
4. ~을 타고 갑니다 : ~に 乗(の)って 行(い)きます。 ~で 行(い)きます。
5. ~보다 훨씬 ~합니다 : ~より ずっと ~です。

관련단어 익히기

- 시내관광지

공원	박물관	미술관	극장
公園(こうえん)	博物館(はくぶつかん)	美術館(びじゅつかん)	劇場(げきじょう)
영화관	동물원	식물원	기념관
映画館(えいがかん)	動物園(どうぶつえん)	植物園(しょくぶつえん)	記念館(きねんかん)
수족관	절	신사	황궁
水族館(すいぞくかん)	お寺(てら)	神社(じんじゃ)	皇居(こうきょ)

17

早目(はやめ)に 薬(くすり)を 飲(の)んだ方(ほう)が いいと 思(おも)います。

～た 方(ほう)が いいと 思(おも)います。

more

A 昨日(きのう)の 東京都内観光(とうきょうとないかんこう)は よかったですか。

B はい、 特(とく)に 皇居(こうきょ)が すばらしかったです。

A ところで 顔色(かおいろ)が 良(よ)くないですね。 体(からだ)の ぐあいが わるいんですか。

B はい、 ゆうべから 喉(のど)が 痛(いた)くて 咳(せき)が 出(で)ます。

A 風邪(かぜ)を引(ひ)いたのですね。 薬(くすり)は お飲(の)みになりましたか。

B いいえ、 薬(くすり)がなかったので 飲(の)みませんでした。

A 早目(はやめ)に 薬(くすり)を 飲(の)んだ 方(ほう)が いいと 思(おも)います。

A もう 良(よ)くなりましたか。

B　はい、 花子さんの おかげ(様)で 良くなりました。

A　旅行の 時は 健康に 気を付けてください。

B　ありがとうございます。

A　明日は 朝早く 出発します。 ぐっすり お休みになってください。

빨리 약을 먹는 편이 좋다고 생각합니다.

~하는 편(쪽)이 좋다고 생각합니다.

more

A 어제의 도쿄 시내 관광은 좋았습니까?

B 예, 특히 황궁이 아름다웠습니다.

A 그런데, 얼굴색이 좋지 않군요? 몸 상태가 좋지 않으십니까?

B 예, 어제 저녁부터 목이 아프고 기침이 납니다.

A 감기에 걸리셨군요. 약은 드셨습니까?

B 아니요, 약이 없어서 먹지 못했습니다.

A 빨리 약을 먹는 편이 좋다고 생각합니다.

A 이제 좋아졌습니까?

B 예, 하나꼬씨 덕분에 좋아졌습니다.

A 여행을 할 때는 건강에 유의하세요.

B 감사합니다.

A 내일은 아침 일찍 출발합니다. 푹 쉬십시오.

새로운 단어

1. 좋다 : 良(よ)い, いい
2. 특히 : 特(とく)に
3. 얼굴색 : 顔色(かおいろ)
4. 아프다 : 痛(いた)い
5. 목 : 喉(のど)
6. 기침 : 咳(せ)き
7. 감기 : 風邪(かぜ)
8. 상태 : ぐあい
9. 약 : 薬(くすり)
10. 사다 : 買(か)う
11. 빠르다 : 速(はや)い
12. 일찍 : 早(はや)い
13. 출발하다 : 出発(しゅっぱつ)する, 出(で)る
14. 쉬다 : 休(やす)む

문장 설명

1. 出(で)ます。
2. 감기에 걸리다 : 風邪(かぜ)を 引(ひ)く。
3. 약을 먹다 : 薬(くすり)を 飲(の)む。
4. ~하는 편이 좋다고 생각합니다 : ~た 方(ほう)が いいと 思(おも)います。
5. 좋아지다 : 良(よ)くなる。
6. ~덕분에 : ~おかげ(様(さま))で
7. 건강에 유의(주의)하다 : 健康(けんこう)に 気(き)を付(つ)ける。
8. お + 동사 연용형 + なる。 : 존경표현
   - お飲(の)みになる。(드시다)

관련단어 익히기

• 병(病気(びょうき))

감기	몸살	두통	복통	설사
風邪(かぜ)	疲(つか)れの病気(びょうき)	頭痛(ずつう)	腹痛(ふくつう)	下痢(げり)
치통	멀미	암	고혈압	당뇨병
歯痛(はいた)	酔(よい)	癌(がん)	高血圧(こうけつあつ)	糖尿病(とうにょうびょう)

• 주요 신체명칭

머리	머리카락	눈	코	귀
頭(あたま)	髪(がみ)	目(め)	鼻(はな)	耳(みみ)
입	치아(이)	혀	목구멍	입술
口(くち)	歯(は)	舌(した)	喉(のど)	唇(くちびる)
목	어깨	가슴	배	허리
首(くび)	肩(かた)	胸(むね)	お腹(なか)	腰(こし)
등	엉덩이	허벅지	무릎	다리
背中(せなか)	尻(しり)	股(もも)	膝(ひざ)	脚(あし)
발	발목	발가락	손	손목
足(あし)	足首(あしくび)	足(あし)の指(ゆび)	手(て)	手首(てくび)
손가락	손톱	키	배꼽	턱
指(ゆび)	爪(つめ)	背(せ)	臍(へそ)	顎(あご)

18

辛(から)くないですか。

～く ないですか。

more

A 和食(わしょく)の 中(なか)で 何(なに)が 一番(いちばん) 好(す)きですか。

B 和食(わしょく)は 全部(ぜんぶ) 好(す)きですが、 特(とく)に お寿司(すし)が 好(す)きです。

A 韓国(かんこく)にも お寿司(すし)が ありますか。

B 日本食堂(にほんしょくどう)に 行(い)くと お寿司(すし)が あります。

A お刺身(さしみ)も 好(す)きですか。

B はい、 お刺身(さしみ)も とても 好(す)きです。

A うどんは いかがですか。

B もちろん 好(す)きです。

韓国(かんこく)の 食(た)べ物(もの)は いかがですか。

A　韓国(かんこく)の 食(た)べ物(もの)の 中(なか)で 定食(ていしょく)や ブルゴギなどが 好(す)きです。

B　辛(から)くないですか。

A　私(わたし)は 辛(から)いのが 好(す)きです。

B　それでは 今日(きょう)は ブルゴギを 食(た)べましょう。

맵지 않습니까?

~지 않습니까?

more

A 일본음식 중에서 무엇을 제일 좋아합니까?

B 일본음식은 모두 좋아합니다만, 특히 초밥을 좋아합니다.

A 한국에도 초밥이 있습니까?

B 일식당에 가면 초밥이 있습니다.

A 생선회도 좋아하십니까?.

B 예, 생선회도 대단히 좋아합니다.

A 우동은 어떻습니까?

B 물론 좋아합니다.

한국음식은 어떻습니까?

A 한국음식 중에서 정식이나 불고기 등을 매우 좋아합니다.

B 맵지 않습니까?

A 나는 매운 것을 좋아합니다.

B 그러면 오늘은 불고기를 먹읍시다.

새로운 단어

1. 제일(가장) : 一番(いちばん)
2. 전부(모두) : 全部(ぜんぶ)
3. 좋아하다 : 好(す)きだ
4. 초밥 : お寿司(すし)
5. 생선회 : お刺身(さしみ)
6. 특히 : 特(とく)に
7. 대단히(매우) : とても
8. 우동 : うどん
9. 물론 : もちろん
10. 맵다 : 辛(から)い
11. 불고기 : ブルゴギ

문장 설명

1. ~을 가장(제일) 좋아합니다 : ~が 一番(いちばん) 好(す)きです。
2. ~는 어떻습니까? : ~は いかがですか。
3. ~합시다(권유) : 동사 연용형 + ましょう。

관련단어 익히기

• 일본음식

초밥	우동	회	소바
寿司(すし)	うどん	刺身(さしみ)	そば
스끼야끼	로바따야끼	야끼니꾸	덮밥
すき焼(や)き	炉端焼(ろばたや)き	焼(や)き肉(にく)	どんぶり

• 양념(やくみ)

소금	간장	식초	설탕
塩(しお)	醤油(しょうゆ)	酢(す)	砂糖(さとう)
후추	**된장**	**고추장**	**기름(식용유)**
胡椒(こしょう)	みそ	トウガラシみそ	油(あぶら)

• 食事할 때 필요한 것

젓가락	숟가락	밥그릇	쟁반	접시	물수건
はし	さじ	しょっき	お盆(ぼん)	皿(さら)	おしぼり

19

もっと 静(しずか)な部屋(へや)は ありませんか。

もっと ～は ありませんか。

more

A もしもし、 フロント デスクですか。

B はい、 そうです。

A 部屋(へや)が ちょっと うるさいので…， もっと 静(しずか)な部屋(へや)は ありませんか。

B お部屋(へや)は 何号室(なんごうしつ)ですか。

A 1250号室(ごうしつ)の キムです。

B はい、 かしこまりました。 お電話(でんわ)を 切(き)って 少々(しょうしょう)お待(ま)ち下(くだ)さい。

B お客様(きゃくさま)、 こちらは フロントですが、 隣(となり)に 静(しずか)なお部屋(へや)が あります。

見晴(みはら)しが 良(よ)くないんですが 大丈夫(だいじょうぶ)でしょうか。

A はい、かまいません。

B はい、かしこまりました。 今(いま) すぐ ベルボーイを お客様(きゃくさま)の お部屋(へや)に 行(い)かせます。

A ありがとうございます。

B どういたしまして。 お客様(きゃくさま) まことに 申(もう)し訳(わけ)ございません。

더 조용한 방은 없습니까?

더 ~는(은) 없습니까?

more

A 여보세요. 프론트 데스크입니까?

B 예, 그렇습니다.

A 방이 조금 시끄러운데, 더 조용한 방은 없습니까?

B 방은 몇 호실이십니까?

A 1,250호실의 김입니다.

B 예, 잘 알겠습니다. 전화를 끊고 잠시만 기다려 주십시오.

B 손님, 여기는 프론트 데스크입니다. 옆에 조용한 방이 있습니다.
전망이 좋지 못합니다만 괜찮으시겠습니까?

A 예, 상관없습니다.

B 예, 잘 알겠습니다. 지금 곧 벨맨을 손님방으로 보내겠습니다.

A 감사합니다.

B 천만의 말씀입니다. 손님 대단히 죄송합니다.

새로운 단어

1. 손님 : お客様(きゃくさま)
2. 방 : 部屋(へや)
3. 시끄럽다 : うるさい
4. 조용하다 : 静(しずか)だ
5. 전화 : お電話(でんわ)
6. 끊다 : 切(き)る
7. 기다리다 :待(ま)つ
8. 전망 : 見晴(みはら)し
9. 괜찮다 : 大丈夫(だいじょうぶ)だ
10. 상관없다 : かまいません。

문장 설명

1. 형용동사 + 체언 : 静(しずか)な部屋(へや)
2. ~하여(해) 주십시오 : ~て 下(くだ)さい。
3. 동사 미연형 + せる(사역의 조동사) : ~시키다, 하게 하다
   - 行(い)かせる。(가게 하다, 보내다)

관련단어 익히기

● 호텔 시설명(施設名)

도아	벨	프론트 데스크	예약계
ドア	ベル	フロント デスク	予約係(よやくがかり)
食堂(레스토랑)		커피숍	빠
食堂(しょくどう)(レストラン)		コーヒーショップ	バー
룸 서비스	연회장		회의장
ルームサービス	宴会場(えんかいじょう)		会議場(かいぎじょう)

● 형용동사의 반대어

좋아한다	싫어한다	잘한다	못한다	화려하다	수수하다
好(す)きだ	嫌(きら)いだ	上手(じょうず)だ	下手(へた)だ	華(はな)やかだ	地味(じみ)だ
편리하다	불편하다	간단하다	복잡하다	조용하다	시끄럽다
便利(べんり)だ	不便(ふべん)だ	簡単(かんたん)だ	複雑(ふくざつ)だ	静(しず)かだ	やかましい うるさい
친절하다	불친절하다	풍부하다	빈약하다	대담하다	신중하다
親切(しんせつ)だ	不親切(ふしんせつ)だ	豊(ゆた)かだ	貧弱(ひんじゃく)だ	大胆(だいたん)だ	慎重(しんちょう)だ

20 今日(きょう)は 神社(じんじゃ)と お寺(てら)を 見(み)に 行(い)きたいです。

～に 行(い)きたいです。

more

A 日本(にほん)の 伝統芸術(でんとうげいじゅつ)は 何(なに)が ありますか。

B 歌舞伎(かぶき)や 能(のう), 文楽(ぶんらく)など 色々(いろいろ) あります。

A 歌舞伎(かぶき)を 見(み)たことがありますか。

B はい、 たまに 見(み)ます。 キムさんも 見(み)たことがありますか。

A まだ ありませんが 是非(ぜひ) 一度(いちど) 見(み)たいと 思(おも)っています。

B 時間(じかん)があれば 私(わたし)が ご案内(あんない)します。

A はい、 ありがとうございます。 ところで どこで 公演(こうえん)しますか。

B 歌舞伎座(かぶきざ)で 公演(こうえん)します。

キムさん、 今日(きょう)は どこへ 行(い)きたいですか。

A 今日(きょう)は 神社(じんじゃ)と お寺(てら)を 見(み)に 行(い)きたいです。

B それでは 京都(きょうと)で 一番(いちばん) 有名(ゆうめい)な 御祖神社(ごそじんじゃ)と 清水寺(きよみずでら)を ご案内(あんない)します。

오늘은 신사와 절을 보러 가고싶습니다.

~하러 ~가고 싶습니다.

more

A 일본의 전통예술은 무엇이 있습니까?

B 가부끼, 노, 분라꾸 등 여러 가지가 있습니다.

A 가부끼를 본적이 있습니까?

B 예, 가끔 봅니다. 김씨도 본적이 있습니까?

A 아직 없습니다만, 꼭 한번 보고싶습니다.

B 시간이 있으면 제가 안내하겠습니다.

A 예, 감사합니다. 그런데 어디서 공연합니까?

B 가부끼자에서 공연합니다.

김씨 오늘은 어디에 가고싶습니까?

A 오늘은 신사와 절을 보러 가고싶습니다.

B 그러면 교또에서 가장 유명한 御祖神社(ごそじんじゃ)와 清水寺(きよみずでら)를 안내하겠습니다.

새로운 단어

1. 전통예술 : 伝統芸術
2. 가끔 : ときどき
3. 안내하다 : 案内する
4. 공연 : 公演
5. 신사 : 神社
6. 절 : お寺

문장 설명

1. ～한 적이 있습니까 : ～た ことがありますか。
2. ～고(하고) 싶습니다(본인의 희망) : 동사 연용형 + たいです。

● 동사의 경어표현

<table>
<tr><th>의미(意味)</th><th>보통표현(普通表現)</th><th>존경어(尊敬語)</th><th>겸양어(謙譲語)</th></tr>
<tr><td>말하다</td><td>言う</td><td>おっしゃる</td><td>申す</td></tr>
<tr><td>보다</td><td>見る</td><td>ご覧になる</td><td>拝見する</td></tr>
<tr><td>있다</td><td>いる</td><td rowspan="3">いらっしゃる</td><td>おる</td></tr>
<tr><td>오다</td><td>来る</td><td rowspan="2">参る</td></tr>
<tr><td>가다</td><td>行く</td></tr>
<tr><td>～하다</td><td>～する</td><td>なさる</td><td>いたす</td></tr>
<tr><td>주다(남이 나에게)</td><td>くれる</td><td>くださる</td><td></td></tr>
<tr><td>주다(내가 남에게)</td><td>やる、 あげる</td><td></td><td>差し上げる</td></tr>
<tr><td>받다</td><td>もらう</td><td></td><td>いただく</td></tr>
<tr><td>먹다, 마시다</td><td>食べる、 飲む</td><td>召し上がる</td><td>いただく</td></tr>
<tr><td>만나다</td><td>会う</td><td>お会いになる</td><td>お目にかかる</td></tr>
<tr><td>알다</td><td>知る</td><td>ご存じだ</td><td>存じる</td></tr>
</table>

21

二十分(にじっぷん)くらい 待(ま)てば バスに 乗(の)れます。

～に 乗(の)れます。

more

A すみませんが 観光案内所(かんこうあんないしょ)は どこに ありますか。

B あそこの 銀行(ぎんこう)の 後(うしろ)に あります。

A あそこに 見(み)える 白(しろ)い 建(た)て物(もの)ですか。

B いいえ、 白(しろ)い 建物(たてもの)の 右側(みぎがわ)の 青(あお)い屋根(やね)の 建(た)て物(もの)です。

A はい、 ありがとうございます。

A しつれいします。

B いらっしゃいませ。

A 京都行(きょうとゆ)きの 観光(かんこう)バスに 乗(の)りたいんですが。

B ここで 三十番(さんじゅうばん)のバスに 乗(の)ればいいです。

A　何分(なんぷん)くらい 待(ま)てば 乗(の)れますか。

B　九時三十分(くじさんじゅうぷん)の バスですので 二十分(にじっぷん)くらい 待(ま)てば バスに 乗(の)れます。

A　その バスに 乗(の)ると どこと どこに 行(い)けますか。

B　舞鶴(まいづる)、 間人(たいざ)、 天橋立(あまのはしだて)、 比叡山(ひえいざん)に 行(い)けます。

A　天橋立(あまのはしだて)までは いくらですか。

B　一人(ひとり) 千二百円(せんにひゃくえん)です。

20분 정도 기다리시면 버스를 탈 수 있습니다.

~을 탈 수 있습니다.

more

A 죄송합니다만, 관광안내소는 어디에 있습니까?

B 저쪽 은행 뒤에 있습니다.

A 저기 보이는 흰색 건물입니까?

B 아닙니다. 흰색건물 오른쪽 파란색 지붕의 건물입니다.

A 예, 대단히 감사합니다.

A 실례합니다.

B 어서 오십시오.

A 교또행 관광버스를 타고싶습니다만.

B 여기서 30번 버스를 타시면 됩니다.

A 몇 분 정도 기다리면 탈 수 있습니까?

B 9시 30분 버스니까, 20분 정도 기다리시면 버스를 탈 수 있습니다.

A 그 버스를 타면 어디 어디를 갈 수 있습니까?

B 舞鶴(まいづる)、 間人(たいざ)、 天橋立(あまのはしだて)、 比叡山(ひえいざん)에 갈 수 있습니다.

A 天橋立(あまのはしだて)까지는 얼마입니까?

B 한사람 당 1,200엔입니다.

새로운 단어

1. 관광안내소 : 観光案内所(かんこうあんないしょ)

2. 길 : 道(みち)

3. 은행 : 銀行(ぎんこう)

4. 보이다 : 見(み)える

5. 흰색 : 白(しろ)い

6. 건물 : 建物(たてもの)

7. 파란색 :青色(あおいろ)、 青(あお)い

8. 지붕 : 屋根(やね)

9. 도와주다 : お手伝(てつだ)い

10. 관광버스 : 観光(かんこう)バス

11. 잠시 : 暫(しばら)く

12. 기다리다 : 待(ま)つ

문장 설명

1. ~행 : ~行(ゆ)き

2. ~(할)수 있다(가능)

   1) 동사 기본형 + ことができる

   2) 5단 활용동사 어미 [う]단을 [え]단으로 고치고 + る

   3) 조동사 れる、 られる를 사용하는 방법

   4) する의 가능형은 出来(でき)る

3. ~에서 ~까지 : ~から ~まで

관련단어 익히기

사람 셀 때

一人	二人	三人	四人	五人	六人
ひとり	ふたり	さんにん	よにん	ごにん	ろくにん
七人	八人	九人	十人	十一人	몇사람(何人)
しちにん	はちにん	きゅうにん	じゅうにん	じゅういちにん	なんにん

방향(方向)

동	서	남	북	전(앞)
東(ひがし)	西(にし)	南(みなみ)	北(きた)	前(まえ)
후(뒤)	좌	우	상(위)	하(아래)
後(うしろ)	左(ひだり)	右(みぎ)	上(うえ)	下(した)
측(옆)	횡(옆)	우측(오른쪽)	좌측(왼쪽)	
側(そば)	横(よこ)	右側(みぎがわ)	左側(ひだりがわ)	

색(色)

빨강	파랑	노랑	분홍
赤(あか)い	青(あお)い	黄色(きいろ)い	桃色(ももいろ)
보라	갈색	회색	초록
紫色(むらさきいろ)	茶色(ちゃいろ)	灰色(はいいろ)	緑色(みどりいろ)
주황	흰색	검정	남색
橙色(だいだいいろ)	白(しろ)い	黒(くろ)い	藍色(あいいろ)
하늘색	은색	금색	감색
空色(そらいろ)	銀色(ぎんいろ)	金色(きんいろ)	紺色(こんいろ)

22 私の両親も 高麗神社に 行きたがって います。

～たがって いる。

more

A　今日は 高麗神社に ご案内いたします。

B　私も 是非 一度 行って見たいと 思っていました。

A　高麗神社は 昔の 高句麗(コウクリ)時代の 到来人の 神社です。

そうゆうわけで 高麗神社と 呼ばれています。

B　私も 韓国の 新聞で 紹介されて いたのを 見たことが あります。

A　今でも その方の 子孫が 神社を 管理しています。

B　そうですか。 その方に お会いしたいですね。

A　神社に 行けば その方に 会うことができます。

B　その方は 韓国語が 話せますか。

A　簡単な 挨拶くらいなら 出来ます。

B　私の両親も 高麗神社に 行きたがって います。

A　そうですか。 日本に いらっしゃれば 私が ご案内致します。

B　ありがとうございます。

우리 부모님도 고마신사에 가고 싶어하십니다.

~고 싶어한다

more

A 오늘은 고마신사에 안내하겠습니다.

B 저도 꼭 한번 가보고싶었습니다.

A 고마신사는 옛날 고구려 시대 도래인의 신사입니다.

그래서 高麗(こま)신사라고 불립니다.

B 저도 한국의 신문에 소개된 것을 본적이 있습니다.

A 지금도 그분의 자손이 신사를 관리하고 있습니다.

B 그렇습니까? 그분을 만나고 싶군요.

A 신사에 가면 그분을 만날 수 있습니다.

B 그분은 한국어를 하실 수 있습니까?

A 간단한 인사정도는 하실 수 있습니다.

B 우리 부모님도 고마신사에 가고 싶어하십니다.

A 그렇습니까? 일본에 오시면 제가 안내해 드리겠습니다.

B 감사합니다.

새로운 단어

1. 오다 : 来(く)る
2. 꼭 : 是非(ぜひ)
3. 한번 : 一度(いちど)
4. 가다 : 行(い)く
5. 옛날 : 昔(むかし)
6. 시대 : 時代(じだい)
7. 도래인 : 到来人(とうらいにん)
8. 부르다 : 呼(よ)ぶ
9. 신문 : 新聞(しんぶん)
10. 소개되다 : 紹介(しょうかい)される
11. 자손 : 子孫(しそん)
12. 관리하다 : 管理(かんり)する
13. 만나다 : 会(あ)う
14. 한국어 : 韓国語(かんこくご)
15. 양친(부모님) : 両親(りょうしん)

문장 설명

1. ~하고 싶어한다 : ~たがって いる。
2. ~라고 부릅니다(불려집니다) : ~と 呼(よ)ばれる。
   - 사역의 조동사 : れる, られる
3. ~를 만나다 : ~に会(あ)う

관련단어 익히기

• 한국의 옛 국가명

고조선(古朝鮮)	고구려(高句麗)	신라(新羅)	백제(百済)
こちょうせん	こうくり	しらぎ	くだら
고려(高麗)	조선(朝鮮)	대한제국(大韓帝国)	
こうらい	ちょうせん	だいかんていこく	

23 窓側(まどかわ)に 座(すわ)っても いいですか。

～ても いいですか。

more

A　今日(きょう)は 韓国式(かんこくしき)の 焼(や)き肉屋(にくや)で 夕飯(ゆうはん)を 食(た)べましょう。

B　ところで、 どんな お肉(にく)ですか。

A　牛肉(ぎゅうにく)、 豚肉(ぶたにく)、 羊肉(ひつじにく)などが ありますが。 どんな お肉(にく)が 好(す)きですか。

B　私(わたし)は 豚肉(ぶたにく)が 好(す)きですが、 花子(はなこ)さんは いかがですか。

A　私(わたし)も 豚肉(ぶたにく)が 好(す)きです。それでは 私(わたし)が 知(し)っている お店(みせ)を 予約(よやく)して おきます。

C　いらっしゃいませ。 こちらへ どうぞ。

A　すみませんが あそこの 窓側(まどかわ)に 座(すわ)っても いいですか。

C　はい、 いいです。

A　豚肉(ぶたにく)セットメニュー　二人前(ににんまえ)と ビール 二本(にほん)を ください。

食(た)べ物(もの)は お口(くち)にあいますか。

B はい、 韓国(かんこく)で 食(た)べるより 辛(から)くないですが、 おいしいです。

A お肉(にく)を もっと 注文(ちゅうもん)しますか。

B ええ、 そうですね。 一人前(いちにんまえ)だけ 注文(ちゅうもん)して ください。

A はい、 それでは 前(まえ)もって 注文(ちゅうもん)して おきます。

창가에 앉아도 좋습니까?

~도(해도) 좋습니까?

more

A 오늘은 한국식 야끼니꾸집에서 저녁식사를 합시다.

B 그런데 무슨 고기입니까?

A 쇠고기, 돼지고기, 양고기 등이 있습니다만, 무슨 고기를 좋아하십니까?

B 저는 돼지고기를 좋아합니다만, 하나꼬씨는 어떻습니까?

A 저도 돼지고기를 좋아합니다. 그러면 제가 알고 있는 집으로 예약해 놓겠습니다.

C 어서 오십시오. 이쪽으로 앉으시지요.

A 죄송합니다만, 저기 창가에 앉아도 좋겠습니까?

C 예, 괜찮습니다.

A 돼지고기 셋트메뉴 2인분과 맥주 2병을 주십시오.
음식은 입에 맞습니까?

B 예, 한국에서 먹는 것 보다 맵지 않지만 맛있습니다.

A 고기를 더 주문할까요.

B 예, 글쎄요. 1인분만 주문해 주십시오.

A 예, 그러면 미리 주문해 놓겠습니다.

새로운 단어

1. 한국식 : 韓国式(かんこくしき)
2. 창가 : 窓側(まどかわ)
3. 고기 : お肉(にく)
4. 쇠고기 : 牛肉(ぎゅうにく)
5. 돼지고기 : 豚肉(ぶたにく)
6. 양고기 : 羊肉(ひつじにく)
7. 예약 : 予約(よやく)
8. 맥주 : ビール
9. 음식 : 食(た)べ物(もの)
10. 주문 : 注文(ちゅうもん)
11. 이인분 : 二人前(ににんまえ)
12. 미리 : 前(まえ)もって
13. 앉다 : 座(すわ)る
14. 맵다 : 辛(から)い

문장 설명

1. ~해 놓겠습니다 : ~て おきます。
2. ~해도 좋(겠)습니까? : ~ても いいですか。
3. 입에 맞습니까? : お口(くち)に あいますか。

관련단어 익히기

• 동물(動物)

쥐	소	호랑이	토끼	용
鼠(ねずみ)	牛(うし)	虎(とら)	兎(うさぎ)	竜(りゅう)
뱀	말	양	원숭이	닭
蛇(へび)	馬(うま)	羊(ひつじ)	猿(さる)	鶏(にわとり)
병아리	개	돼지	사자	여우
雛(ひよこ)	犬(いぬ)	豚(ぶた)	ライオン	狐(きつね)
늑대	곰	코끼리	염소	기린
狼(おおかみ)	熊(くま)	象(ぞう)	山羊(やぎ)	きりん
사슴	당나귀	노루	다람쥐	오소리
鹿(しか)	ろば	のろ/のる	りす	穴熊(あなぐま)

• 食事

아침밥(식사)	점심밥(식사)	저녁밥(식사)
朝食(ちょうしょく)/朝御飯(あさごはん)	昼食(ちゅうしょく)/昼御飯(ひるごはん)	夕食(ゆうしょく)/晩御飯(ばんごはん)/ゆうはん

24 航空会社(こうくうかいしゃ)に 頼(たの)んで おきます。

～頼(たの)んで おきます。

more

A いつ 韓国(かんこく)に 帰(かえ)りますか。

B 来週(らいしゅう), 十月五日(じゅがついつか)に 帰(かえ)ります。

A 航空券(こうくうけん)の 予約(よやく)は しましたか。

B はい、 日本(にほん)に 来(く)る 前(まえ)、 ソウルで 予約(よやく)しました。

A それでは チケッティングは しましたか。

B いいえ、 まだです。

A それでは, 航空会社(こうくうかいしゃ)に 頼(たの)んで おきます。

B お忙(いそが)しいのに, どうも ありがとうございます。

A どういたしまして。

C　失礼(しつれい)します。 航空券(こうくうけん)の チケッティングを したいんですが。

D　搭乗日(とうじょうひ)と 便名(びんめい)、 それから お名前(なまえ)を 教(おし)えてください。

C　十月五日(じゅうがつついつか)の JAL757便(びん)の J.H. KIMです。

D　かしこまりました。 少々(しょうしょう)お待(ま)ち下(くだ)さいませ。

항공회사에 부탁해 놓겠습니다.

~ 부탁해 놓겠습니다.

more

A 언제 한국으로 돌아가십니까?

B 다음주, 10월 5일 돌아갑니다.

A 항공권 예약은 하셨습니까?

B 예, 일본에 오기 전, 서울에서 예약했습니다.

A 그러면 티켓팅은 하셨습니까?

B 아니오, 아직 하지 않았습니다.

A 그러면, 항공회사에 부탁해 놓겠습니다.

B 바쁘실텐데, 대단히 감사합니다.

A 천만의 말씀을.

C 실례합니다. 항공권 티켓팅을 하고 싶은데요.

D 탑승일자와 편명, 그리고 성함을 가르쳐주십시오.

C 10월 5일, JAL757편, J.H. KIM입니다.

D 잘 알겠습니다. 잠시 기다려 주십시오.

새로운 단어

1. 항공권 : 航空券(こうくうけん)
2. 항공회사 : 航空会社(こうくうかいしゃ)
3. 아직 : まだ
4. 바쁘다 : 忙(いそが)しい
5. 한가하다 : 暇(ひま)だ
6. 탑승일 : 搭乗日(とうじょうひ)
7. 편명 : 便名(びんめい)
8. 가르치다 : 教(おし)える
9. 부탁하다 : 頼(たの)む
10. 기다리다 : 待(ま)つ

문장 설명

1. ~을 부탁해 놓다 : ~を 頼(たの)んで おく。
2. ~을 하고 싶습니다 : ~を したいです。
3. ~을 가르쳐 주십시오 : ~を 教(おし)えてください。

관련단어 익히기

● 비행기 탑승 관련 용어

공항	항공권	수하물	세관신고
空港(くうこう)	航空券(こうくうけん)	手荷物(てにもつ)	税関申告(ぜいかんしんこく)
출국수속	입국수속	면세점	좌석번호
出国(しゅつこく) 手続(てつづ)き	入国(にゅうこく) 手続(てつづ)き	免税店(めんぜいてん)	座席番号(ざせきばんごう)
기내식	기내방송	이륙	착륙
機内食(きないしょく)	機内放送(きないほうそう)	離陸(りりく)	着陸(ちゃくりく)
탑승권	탑승일시	편명	항공회사
搭乗券(とうじょうけん)	搭乗日時(とうじょうにちじ)	便名(びんめい)	航空会社(こうくうがいしゃ)

25 今日の 札幌は 雨だそうです。

～だそうです。

more

A 今日は 飛行機に 乗って 札幌に 行きます。

B 札幌は 日本の 北の方に ある 町ですね。

A 冬の 雪祭りで 有名な ところです。

札幌に 行ったことがありますか。

B 二年前に 雪祭りを 見に 行きました。 とても すばらしい 町でしたね。

C おはようございます。 航空券を 見せて 下さい。

A はい、 これです。 座席は どこですか。

C 三十八のAですから、 右側の 通路の 一番目の 席です。

C　お客様　お飲み物は　何に　なさいますか。

B　トマトジュースを　お願いします。

C　申し訳ございませんが、トマトジュースは　ありません。オレンジジュースはいかがですか。

B　はい、　けっこうです。

A　少し　曇っていますね。

B　はい、　天気予報に　よると　今日の　札幌は　雨だそうです。

しかし　晩から　だんだん　止むそうですよ。

A　では、　旅行するのには　問題ありませんね。　よかったですね。

오늘 삿뽀로는 비가 온다고 합니다.

~다고 합니다

more

A 오늘은 비행기를 타고 삿뽀로에 갑니다.

B 삿뽀로는 일본의 북쪽에 있는 도시지요?

A 겨울의 눈 축제로 유명한 곳입니다.

삿뽀로에 가본 적이 있습니까?

B 2년 전 눈 축제를 보러 갔었습니다. 정말 아름다운 도시더군요.

C 안녕하세요. 항공권을 보여 주십시오.

A 예, 여기 있습니다. 좌석은 어디입니까?

C 38A이니까, 오른쪽 통로 첫번째 자리입니다.

C 손님, 마실 것은 무엇으로 하시겠습니까?

B 토마토주스를 주십시오.

C 대단히 죄송합니다만, 토마토주스는 없습니다. 오렌지주스는 어떻습니까?

C 예, 좋습니다.

A　좀 흐렸네요.

B　예, 일기예보에 의하면 오늘 삿뽀로는 비가 온다고 합니다.

하지만 밤부터 점차 그친다고 해요.

A　그럼, 여행하는데는 문제가 없겠군요. 다행이네요.

새로운 단어

1. 비행기 : 飛行機(ひこうき)
2. 북쪽 : 北(きた)の方(ほう)
3. 겨울 : 冬(ふゆ)
4. 눈 : 雪(ゆき)
5. 축제 : 祭(まつ)り
6. 보여주다 : 見(み)せる
7. 비 : 雨(あめ)
8. 점차 : だんだん
9. 여행 : 旅行(りょこう)
10. 항공권 : 航空券(こうくうけん)
11. 좌석 : 座席(ざせき)
12. 통로 : 通路(つうろ)
13. 날씨 : 天気(てんき)
14. 흐리다 : 曇(くも)り
15. 일기예보 : 天気予報(てんきよほう)
16. 그치다(멈추다) : 止(や)む
17. 문제 : 問題(もんだい)

문장 설명

1. ~적이 있습니까 : ~た ことがありますか。
2. ~다고 합니다(伝言) : ~だそうです。
3. 보여 주십시오 : 見(み)せて下(くだ)さい。

관련단어 익히기

- 날씨와 관련된 표현

비	눈	안개	이슬
雨(あめ)	雪(ゆき)	霧(きり)	露(つゆ)
서리	우박	바람	구름
霜(しも)	雹(ひょう)	風(かぜ)	雲(くも)
장마	맑다	흐리다	
梅雨(つゆ)	晴(は)れる	曇(くも)る	

- 과일(果物)

사과	배	감	포도	대추
りんご	梨(なし)	柿(かき)	ぶどう	なつめ
밤	귤	딸기	수박	참외
栗(くり)	みかん	いちご	すいか	まくわうり
복숭아	자두	호두	앵두	살구
桃(もも)	すもも	くるみ	ゆすらうめ	あんず

26 私は この 指輪が 欲しいです。

～が 欲しいです。

more

A　今日は 免税店に お土産を 買いに 行きたいです。

B　東京には 免税店が いろんな ところに ありますが 一番 近い ところに ご案内します。

A　はい、 ありがとうございます。

B　ところで 今日は 誰に あげる プレゼントを 買いますか。

A　親と 彼女に あげる プレゼントを 買いたいです。

C　いらっしゃいませ。 どのような コーナーに ご案内いたしましょうか。

A　まず 宝石コーナーに 行って、 父の 指輪と 母の ネックレスを 買いたいです。

C　はい、 かしこまりました。 こちらへ どうぞ。 こちらが 宝石コーナーです。

A　この 指輪と あそこの ネックレスは いくらですか。

C　指輪は 27,000円で ネックレスは 43,000円です。

A　とても 高いですね。 韓国より 高そうです。

C　そうですか。 しかし, この 店は 品質の 良い 製品だけを 販売しています。

A　はい、 わかりました。 この 指輪と ネックレスを 下さい。

B　私は この 指輪が 欲しいです。

나는 이 반지를 갖고 싶습니다.

~를(을) 갖고 싶습니다

more

A 오늘은 면세점에 선물을 사러 가고 싶습니다.

B 동경에는 면세점이 여러 곳 있습니다만, 가장 가까운 곳으로 안내하겠습니다.

A 예, 감사합니다.

B 그런데 오늘은 누구에게 줄 선물을 삽니까?

A 부모님과 여자친구에게 줄 선물을 사고 싶습니다.

C 어서 오십시오. 어떤 코너로 안내해 드릴까요?

A 우선 보석 코너로 가서 아버지의 반지와 어머니의 목걸이를 사고 싶습니다.

C 예, 잘 알겠습니다. 이쪽으로 오시지요. 이쪽이 보석 코너입니다.

A 이 반지와 저쪽의 목걸이는 얼마입니까?

C 반지는 27,000엔이고 목걸이는 43,000엔입니다.

A 굉장히 비싸네요. 한국보다 비싼 것 같습니다.

C 그렇습니까? 하지만 이 면세점은 품질이 좋은 제품만을 판매합니다.

A 예, 잘 알겠습니다. 이 반지와 목걸이를 주십시오.

B 나는 이 반지를 갖고 싶습니다.

새로운 단어

1. 선물 : プレゼント
2. 주다 : あげる
3. 사다 : 買(か)う
4. 부모 : 親(おや)
5. 보석 : 宝石(ほうせき)
6. 반지 : 指輪(ゆびわ)
7. 목걸이 : ネックレス
8. 품질 : 品質(ひんしつ)
9. 좋다 : 良(い)い、 良(よ)い
10. 제품 : 製品(せいひん)
11. 갖고싶다 : 欲(ほ)しい

문장 설명

1. ~하러 가고 싶습니다 : 동사연용형+に 行(い)きたいです。
   1) 명사, 동사 연용형 + に : ~하러
   2) 동사 연용형 + たい : 희망
2. ~보다 ~합니다 : ~より~です
3. ~을(를) 갖고 싶다 : ~が ほしい

관련단어 익히기

● 많이 이용되는 선물

반지	목걸이	팔찌	귀걸이	인형
指輪(ゆびわ)	ネックレス	腕輪(うでわ)	イヤリング	人形(にんぎょう)
장난감	도자기	옷	과자	화장품
おもちゃ	陶磁器(とうじき)	服(ふく)	お菓子(かし)	化粧品(けしょうひん)
술	담배	넥타이	지갑	만년필
お酒(さけ)	タバコ	ネクタイ	財布(さいふ)	万年筆(まんねんひつ)

27 おかげさまで いい 旅(たび)になりました。

～の おかげで ～になりました。

more

A 明日(あした) 韓国(かんこく)に 帰(かえ)りますね。

B 花子(はなこ)さんの おかげで いい 旅(たび)になりました。 本当(ほんとう)に ありがとうございます。

A どういたしまして。 何(なに)か ご不便(ふべん)な ことは ありませんでしたか。

B いいえ、 不便(ふべん)な ことは ぜんぜん ありませんでした。

A 今度(こんど)の 旅行(りょこう)で 一番(いちばん) 記憶(きおく)に 残(のこ)っているのは 何(なん)ですか。

B みんな よかったんですが、 日本(にほん)の 人々(ひとびと)の 親切(しんせつ)さが 一番(いちばん) 記憶(きおく)に 残(のこ)っています。

A 日本(にほん)の 食(た)べ物(もの)は お口(くち)に合(あ)いましたか。

B はい、 どれも おいしくて、 特(とく)に 色(いろ)が 美(うつく)しくて 良(よ)かったです。

A 旅行(りょこう)した ところで どこが 一番(いちばん) すばらしかったですか。

B　温泉(おんせん)に入(はい)りながら 眺(なが)めた 雪(ゆき)の 富士山(ふじさん)が とても すばらしかったです。

A　明日(あした) 韓国(かんこく)に 帰(かえ)りますから 今晩(こんばん)は 送別会(そうべつかい)を やりましょうね。

B　ありがとうございます。 近(ちか)いうちに 韓国(かんこく)に 是非(ぜひ) いらっしゃって ください。

A　お招(まね)き いただきまして、 ありがとうございます。 次(つぎ)には ソウルで 会(あ)いましょうね。

덕분에 좋은 여행이 되었습니다.

~덕분에 ~이 되었습니다.

more

A 내일 한국으로 돌아가시지요?

B 하나꼬씨 덕분에 좋은 여행이 되었습니다. 대단히 감사합니다.

A 천만의 말씀입니다. 무엇인가 불편한 점은 없으셨습니까?

B 아닙니다. 불편한 것은 전혀 없었습니다.

A 이번 여행에서 가장 기억에 남는 것은 무엇입니까?

B 모든 것이 좋았습니다만, 일본인들의 친절이 가장 기억에 남습니다.

A 일본 음식은 입에 맞으셨습니까?

B 예, 모두 맛있었으며, 특히 색상이 아름다워서 좋았습니다.

A 여행하신 곳 중에서 어디가 가장 아름다웠습니까?

B 온천욕을 하며 바라본 눈 덮인 후지산이 너무 아름다웠습니다.

A 내일 한국으로 돌아가시니까 오늘밤에는 송별파티를 해야되겠군요.

B 감사합니다. 조만간 한국에 꼭 오십시오.

A 초대해 주셔서 감사합니다. 다음에는 서울에서 뵙겠습니다.

새로운 단어

1. 덕분에 : おかげさまで
2. 여러가지 : いろいろ
3. 불편하다 : 不便(ふべん)だ
4. 여행 : 旅行(りょこう)/旅(たび)
5. 이번 : 今度(こんど)
6. 온천욕 : 温泉浴(おんせんよく)
7. 송별회 : 送別会(そうべつかい)
8. 기억 : 記憶(きおく)
9. 남다 : 残(のこ)る
10. 친절하다 : 親切(しんせつ)だ
11. 아름답다 : 美(うつく)しい
12. 색 : 色(いろ)
13. 초대 : 招(まね)く

관련단어 익히기

- 파티의 종류

환영회	송별회	생일파티	결혼기념파티
歓迎会(かんげいかい)	送別会(そうべつかい)	誕生日(たんじょうび)パーティー	結婚記念(けっこんきねん)パーティー

28 ご両親には どんな プレゼントを あげましたか。

~を あげる。(差し上げる)

more

A キムさん、 お久しぶりですね。 いつ 帰国しましたか。

B 一昨日の 午後 帰りました。 お元気でしたか。

A はい、 おかげさまで 元気です。 日本の 旅行は 楽しかったですか。

B はい、 とても 楽しかったです。 これは つまらないものですが お土産です。

A どうも ありがとうございます。 ああ とても きれいな ネックレスですね。

ところで ご両親には どんな お土産を あげましたか。

B はい、 普段から 親は 指輪を 欲しがっていたので 指輪を あげました。

A 今まで もらった プレゼントの 中で 何が 一番 記憶に 残っていますか。

B 20回目の 誕生日に 彼氏に もらった 指輪が 一番 記憶に 残っています。

今 私が はめている この 指輪です。

A　おい達(たち)には どんな お土産(みやげ)を あげましたか。

B　可愛(かわい)い 日本(にっぽん)の 人形(にんぎょう)を 一(ひと)つずつ あげました。

A　プレゼントを もらうのは とても 嬉(うれ)しいことですね。

부모님께는 어떤 선물을 드렸습니까?

~을(를) 드리다.

more

A 김씨, 오래간만이군요. 언제 귀국하셨습니까?

B 그저께 오후에 돌아왔습니다. 건강하셨습니까?

A 예, 덕분에 건강합니다. 일본 여행은 즐거웠습니까?

B 예, 대단히 즐거웠습니다. 이것 변변치 않은 것이지만 선물입니다.

A 대단히 감사합니다. 아 – 매우 예쁜 목걸이네요.
그런데 부모님께 어떤 선물을 드렸습니까?

B 예, 평소부터 부모님은 반지를 갖고 싶어 하셔서 반지를 드렸습니다.

A 지금까지 받은 선물 중에서 무엇이 가장 기억에 남습니까?

B 20회째 생일날 남자친구에게 받은 반지가 가장 기억에 남습니다.
지금 제가 끼고 있는 이 반지입니다.

A 조카들에게는 어떤 선물을 주었습니까?

B 예쁜 일본인형을 한 개씩 주었습니다.

A 선물을 받는다는 것은 매우 기쁜 일이지요.

새로운 단어

1. 귀국 : 帰国(きこく)
2. 즐겁다 : 楽(たの)しい
3. 받다 : もらう
4. 예쁘다 : 可愛(かわい)い
5. 주다 : あげる
6. 드리다 : 差(さ)し上(あ)げる
7. 평소 : 普段(ふだん)
8. 변변치않다 : つまらない
9. 기쁘다 : 嬉(うれ)しい

문장 설명

1. 반지를 끼다 : 指輪(ゆびわ)を はめる/する。
2. 収受動詞

<table>
<tr><td rowspan="5">본인이</td><td>いただく(받다)</td><td rowspan="5">* 상대에게
* 상대로부터</td><td rowspan="2">윗사람</td></tr>
<tr><td>差(さ)し上(あ)げる(드리다)</td></tr>
<tr><td>もらう(받다)</td><td rowspan="2">동등수준</td></tr>
<tr><td>あげる(주다)</td></tr>
<tr><td>あげる(주다)</td><td>아랫사람</td></tr>
</table>

<table>
<tr><td rowspan="2">본인에게</td><td>くださる(주시다)</td><td rowspan="2">상대가</td><td>윗사람</td></tr>
<tr><td>くれる(주다)</td><td>동등수준
아랫사람</td></tr>
</table>

관련단어 익히기

• 감정(感情)의 표현

기쁘다	슬프다	재미있다	재미없다/ 시시하다	즐겁다
嬉(うれ)しい	悲(かな)しい	面白(おもしろ)い	つまらない	楽(たの)しい
부끄럽다	분하다	괴롭다	무섭다	외롭다/ 쓸쓸하다
はずかしい	くやしい	辛(つら)い/苦(くる)しい	怖(こわ)い	寂(さび)しい

부 록 1

일본어 기초문법

1. 동사 활용
2. 형용사 활용
3. 형용동사 활용
4. 조동사 활용
5. 가능표현

1. 동사 활용

동사는 사물의 동작・작용・존재를 나타내며, 모든 동사는 어미가「 う 」단으로 끝난다.

예) さく, のむ, よぶ, みる, かりる, すてる, いく, もつ, はなす

1) 동사의 종류

동사는 5단 활용동사, 상1단 활용동사, 하1단 활용동사, か행 변격동사, さ행 변격동사 등 5개 종류로 구분된다.

(1) 5단 활용동사.

① 기본형의 어미가 「る」이외의 「う」단으로 끝나는 동사.

예) さく, およぐ, はなす, のむ, かう、 よぶ

② 기본형의 어미가「る」로 끝나고, 「る」바로 앞의 음이「い」단 또는「え」단이 아닌 동사. 즉 「る」바로 앞의 음이 「あ」단,「う」단,「お」단인 동사.

예) とまる, ある、 ふる、 おこる, のる、 うつる

(2) 상1단 활용 동사

기본형의 어미가「る」로 끝나고, 「る」바로 앞의 음이「い」단인 동사.

예) みる、 いる(있다)、 おちる, きる(입다), とじる、 おきる, しんじる

(3) 하1단 활용동사

기본형의 어미가「る」끝나고, 「る」바로 앞의 음이「え」단인 동사.

예) たべる, こたえる, すてる, くらべる, たずねる, しめる

(4) か행 변격 동사

くる(오다) 하나 뿐임.

(5) さ행 변격 동사

する(～하다) 하나뿐임

2) 동사의 활용

(1) 5단 활용동사

동사의 어미가 5단(あ단, い단, う단, え단, お단)에 걸쳐 활용하는 동사.

예) 書く(かく)
(쓰다)

- 미연형 : **か** + ない(부정), **こ** + う(추측, 의지, 권유)
- 연용형 : **き** + ます(정중), **음편** + た, て, たり, てから, ても 등
- 종지형 : **く**
- 연체용 : **く** + 체언
- 가정형 : **け** + ば
- 명령형 : **け**

① かかない : 쓰지 않는다
② かこう : 쓰겠지, 쓰겠다, 쓰자
③ かきます : 씁니다
④ かくひと : 쓰는 사람
⑤ かけば : 쓰면
⑥ かけ : 써라

음편 : 5단활용 동사에서만 일어나는 현상

5단활용 동사에 た、て、たり、てから、ても 등이 연결 될 때 5단 동사의 어미가 「い、っ、ん」으로 바뀌는 현상.

1 「い」음편

어미가「く、ぐ」로 끝나는 5단활용 동사 뒤에 た、て、たり、てから、ても 등이 올 때 어미「く、ぐ」가「い」로 바뀌는 현상.

예) かく + て : か**い**て(쓰고)
さく + た : さ**い**た(폈다)
およぐ + てから : およ**い**でから(헤엄치고 나서)

* 주의 : ① 어미가 「ぐ」로 끝나는 동사는 뒤에 오는 조사에 탁음을 붙여야 한다.

예) およぐ + た : およい**だ**(헤엄쳤다)

② いく(가다) 는 예외로 촉음편(っ) 한다 : 行って(가고, 가서)

③ 어미가 「す」로 끝나는 동사는 음편을 하지 않는다.

예) はなす + た : はな**し**た(이야기했다)

2 「っ」음편(촉음편)

어미가 「う、つ、る」로 끝나는 동사 뒤에 た、て、たり、てから、ても 등이 올 때 어미 「う、つ、る」가 「っ」로 바뀌는 현상.

예) かう + て : か**っ**て(사고, 사서)

もつ + た : も**っ**た(들었다)

のる + たり : の**っ**たり(타기도 하고)

3 「ん」음편(발음편)

어미가 「ぬ、 ぶ、 む」로 끝나는 동사 뒤에 た、 て、 たり、てから、ても 등이 올 때 어미 「ぬ、 ぶ、 む」가 「ん」으로 바뀌는 현상.

예) しぬ + て : し**ん**で(죽고)

よぶ + た : よ**ん**だ(불렀다)

のむ + てから : の**ん**でから(마시고 나서)

*주의 : 발음편 하는 동사에 붙는 조사(た、て、たり、てから、ても 등)는 탁음을 붙여야 한다 (**だ**、**で**、**だ**り、**で**から、**で**も)

주의 해야할 동사

아래 동사는 상1단 동사나 하1단 동사의 모양을 하고 있지만 예외적으로 모두 5단 동사로 취급한다.

要る: 필요하다 握る: 쥐다

帰る: 돌아가(오)다 入る: 들어가다

切る： 끊다

走る： 뛰다. 달리다

ける： 발로차다

減る： 줄어들다

知る： 알다

照る： 비추다

滑る： 미끄러지다

限る： 한하다

散る： 흩어지다, (꽃이)지다

参る： 来る、 行く의 겸양어

交じる：섞이다, 어울리다(동화되어 구별이 되지 않는 상태)

(2) 상1단 활용동사

- 상1단(い단) 에서만 활용하는 동사.

예) 起**<u>きる</u>** (일어나다)

- 미연형 ： <u>き</u> + ない(부정), よう(추측, 의지, 권유)
- 연용형 ： <u>き</u> + ます(정중), た、 て、 たり、てから、ても 등
- 종지형 ： **<u>きる</u>**
- 연체용 ： **<u>きる</u>** + 체언
- 가정형 ： **<u>きれ</u>** + ば
- 명령형 ：
  - **<u>きろ</u>**
  - **<u>きよ</u>**

① おきない： 일어나지 않는다
② おきよう ： 일어나겠지, 일어나겠다, 일어나자
③ おきます： 일어납니다
④ おきた ： 일어났다
⑤ おきるひと： 일어나는 사람
⑥ おきれば： 일어나면
⑦ おきろ(おきよ)：일어나라

(3) 하1단 활용동사

- 하1단(え단) 에서만 활용하는 동사.

예) 食(た)べる (먹는다)
- 미연형 : べ + ない(부정), よう (추측, 의지, 권유)
- 연용형 : べ + ます(정중), た、 て、 たり、てから、ても 등
- 종지형 : べる
- 연체용 : べる + 체언
- 가정형 : べれ + ば
- 명령형 : べろ / べよ

① たべない : 먹지 않는다
② たべよう : 먹겠지, 먹겠다, 먹자
③ たべます : 먹습니다
④ たべた : 먹었다
⑤ たべるひと : 먹는 사람
⑥ たべれば : 먹으면
⑦ たべろ(たべよ) : 먹어라

(4) か행 변격동사 활용

- 来(く)る(오다) 하나 뿐임.

예) 来(く)る (오다)
- 미연형 : こ + ない(부정), よう (추측, 의지, 권유)
- 연용형 : き + ます(정중), た、 て、 たり、てから、ても
- 종지형 : くる
- 연체용 : くる + 체언
- 가정형 : くれ + ば
- 명령형 : こい

① こない : 오지 않는다
② こよう : 오겠지, 오겠다, 오자

③ きます : 옵니다

④ きた : 왔다

⑤ くるひと : 오는 사람

⑥ くれば : 오면

⑦ こい : 와라

(5) さ행 변격 동사

- する(~하다) 하나뿐임.

예) **する** (~하다)

- 미연형 : **さ** ─ せる (사역의 동사 : ~시키다. ~하게 하다.)
  - **さ** ─ れる (수동의 조동사 : ~함을 당하다)
  - **せ** + ぬ (부정 : 문어체)
  - **し** + ない(부정), よう(추측, 의지, 권유)
- 연용형 : **し** + ます(정중), た、 て、 たり、てから、ても 등
- 종지형 : **する**
- 연체형 : **する** + 체언
- 가정형 : **すれ** + ば
- 명령형 : **しろ** / **せよ**

① ~させる : 시키다, ~ 하게 하다

② ~される : ~함을 당하다

③ ~せぬ : ~하지 않는다(문어체)

④ ~しない : ~하지 않는다

⑤ ~しよう : ~하겠지, ~하겠다, ~하자

⑥ ~します : ~합니다

⑦ ~した : ~했다

⑧ ~するひと : ~하는 사람

⑨ ~すれば : ~하면

⑩ ~しろ(せよ) : ~해, ~해라

2. 형용사 활용

사물의 성질이나 상태를 나타내며 모든 형용사는 어미가「い」로 끝난다.

예) ちかい、 あおい、 やすい、 さむい、 たのしい

예) 安(やす)**い** (싸다)

- 미연형 : **かろ** + う(추측)
- 연용형 :
  - **かっ** + た(과거)
  - **く** + ない(부정), なる 등 용언, て、 は 등 조사
- 종지형 : **い**
- 연체형 : **い** + 체언
- 가정형 : **けれ** + ば

① やすかろう : 싸겠지. 쌀 것이다

② やすかった : 쌌다(쌌었다)

③ やすくない : 싸지 않다

④ やすくなる : 싸진다

⑤ やすいもの : 싼 것

⑥ やすければ : 싸면

3. 형용동사 활용

형용사와 마찬가지로 사물의 성질이나 상태를 나타내며, 모든 형용동사는 어미가「だ」로 끝난다.

예) 静(しず)かだ, 有名(ゆうめい)だ, 便利(べんり)だ, 好(す)きだ, 下手(へた)だ

예) 静(しずか)**だ** (조용하다)

- 미연형 : **だろ** + う(추측)
- 연용형 :
  - **だっ** + た(과거)
  - **で** + ない(부정), ある(~이다 : 문어체)
  - **に** + なる(~되다, ~지다)
- 종지형 : **だ**
- 연체형 : **な** + 체언
- 가정형 : **なら**(ば)

① しずかだろう : 조용하겠지. 조용할 것이다
② しずかだった : 조용했다
③ しずかでない : 조용하지 않다
④ しずかである : 조용하다 (문어체)
⑤ しずかなへや : 조용한 방
⑥ しずかなら(ば) : 조용하면

* 현대일본에서는 형용동사의 가정형에 **ば**를 붙이지 않는 추세이다.

4. 조동사 활용

조동사는 독립적으로 쓰일 수 없으며, 체언이나 용언에 접속하여 의미를 변화시키는 것이다. 활용형태에 따라 동사 활용형 ,형용사 활용형, 형용동사 활용형, 특수 활용형, 무변화형으로 나눌 수 있다.

1) 동사 활용형 조동사

(1) せる、 させる

① 의미 : 사역(～하게 하다, ～시키다)

② 접속 : せる - 5단 동사의 미연형, する의 미연형(さ)

させる - 상1단 동사, 하1단 동사, か행 변격동사 미연형

③ 활용 : 하1단 동사 활용형

예) のむ + せる = のませる(마시게 한다)

する + せる = させる(～하게다, ～시키다)

おきる + させる = おきさせる(일어나게 하다, 깨우다)

たべる + させる = たべさせる(먹게 하다, 먹인다)

くる + させる = こさせる(오게 하다)

(2) れる、 られる

① 의미 : 가능 - ～할 수 있다.

존경 - ～하신다.

자발 - (저절로) ～하여진다

수동 - ～함을 당하다.

② 접속 : れる - 5단 동사 미연형, さ행 변격동사 미연형(さ)

られる -상1단 동사, 하1단 동사, か행 변격동사 미연형

③ 활용 : 하1단 동사 활용형.

예) のむ + れる = のまれる(가능일 경우 : 마실 수 있다)

する + れる = される(수동일 경우 : ～함을 당하다)

おきる + られる = おきられる(존경일 경우 : 일어나신다)
たべる + られる = たべられる(가능일 경우 : 먹을 수 있다)
おもいだす + れる = おもいだされる(자발일 경우 : (저절로)생각난다)
くる + られる = こされる(존경일 경우 : 오신다)

(3) たがる

① 의미 : ~하고 싶어한다
② 접속 : 동사의 연용형
③ 활용 : 5단 동사 활용형
예) たべる + たがる = たべたがる(먹고 싶어한다)
いく + たがる = いきたがる(가고 싶어한다)
みる + たがる = みたがる(보고 싶어한다)
くる + たがる = きたがる(오고 싶어한다)
する + たがる = したがる(하고 싶어한다)

(4) しめる

① 의미 : 사역(~하게 하다, ~시키다)
② 접속 : 동사의 미연형
③ 활용 : 하1단 동사 활용형
예) いう + しめる = いわしめる(말하게 하다)
する + しめる = せしめる(~하게 하다)

2) 형용사 활용형 조동사

(1) ない

① 의미 : 부정(~지 않다, ~지 않는다)
② 접속 : 동사의 미연형
③ 활용 : 형용사형
예) かく + ない = かかない(쓰지 않는다)
おきる + ない = おきない(일어나지 않는다)

たべる + ない = たべない(먹지 않는다)

くる + ない = こない(오지 않는다)

する + ない = しない(~하지 않는다)

* 「없다」의 뜻을 가지고 독립적으로 쓰이는 「ない」는 형용사이고, 형용사를 부정하는 「ない」는 보조형용사이다.

* なくて : ~지 않아서(원인, 이유를 나타냄)

  ないで : ~지 않고, ~지말고

(2) たい

① 의미 : 희망(~하고 싶다)

② 접속 : 동사의 연용형

③ 활용 : 형용사형 활용

예) かく + たい = かきたい(쓰고 싶다)

おきる + たい = おきたい(일어나고 싶다)

たべる + たい = たべたい(먹고 싶다)

くる + たい = きたい(오고 싶다)

する + たい = したい(~하고싶다)

(3) らしい

① 의미 : 추측(~인 것 같다)

② 접속 : 명사

동사, 형용사, 조동사의 기본형

형용동사의 어간

③ 활용 : 형용사형 활용

예) 学生(がくせい)らしい : 학생인 것 같다

いくらしい : 갈 것 같다

やすいらしい : 쌀 것 같다

しないらしい : 하지 않을 것 같다

しずからしい : 조용한 것 같다

3) 형용동사 활용형 조동사

(1) だ

① 의미 : 단정(～이다)

② 접속 : 체언

③ 활용 : 형용동사형

예) はるだ(봄이다)

へやだ(방이다)

せんせいだ(선생님이다)

(2) そうだ

① 의미 : 전문(～이란다, ～이라고 한다)

② 접속 : 모든 활용어의 종지형

③ 활용 : 형용동사형

예) のむそうだ(마신다고 한다)

やすいそうだ(싸다고 한다)

しずかだそうだ(조용하다고 한다)

知(し)らせるそうだ(알린다고 한다)

(3) そうだ

① 의미 : 상태(～인 것 같다, ～인 듯 하다, ～일 것 같다)

② 접속 : 동사 연용형

형용사, 형용동사 어간

③ 활용 : 형용동사형

예) のみそうだ(마시는 것 같다)

さむそうだ(추울 것 같다)

しずかそうだ(조용한 것 같다)

(4) ようだ

① 의미 : 양태(~인 듯 하다, ~인가 보다, ~인 것 같다)

② 접속 : 동사, 형용사, 형용동사의 연체형, 연체사, 조사

③ 활용 : 형용동사형

예) のむようだ(마시는 것 같다)

やすいようだ(쌀 것 같다)

しずかなようだ(조용할 것 같다)

学生のようだ(학생 같다 : 조사)

このようだ(이와 같다 : 연체사)

(5) みたいだ

① 의미 : 비교(~비슷하다)

불확실한 단정(~인 것 같다)

예시(~와 같다)

② 접속 : 동사, 형용사, 형용동사 등 활용어의 연체형

체언

예) 先生みたいだ(선생님과 비슷하다)

おこっているみたいだ(화나있는 것 같다)

たかいみたいだ(비싼 것 같다)

べんりなみたいだ(편리한 듯 하다)

4) 특수 활용형 조동사

(1) です

① 의미 : 정중(~입니다)

② 접속 : 동사, 연체어, 연체사를 제외한 모든 말에 접속

③ 활용 : 특수 활용형

예) 先生でしょう : 선생님이겠지요(추측)

先生でした : 선생님이였다(과거)

(2) ます

① 의미 : 정중 (~합니다, ~하겠습니다)

② 접속 : 동사의 연용형

③ 활용 : 특수 활용형

예) 食べません : 부정(먹지 않습니다)

食べましょう : 권유(먹읍시다, 먹지요)

食べますれば : 가정(드시면)

＊ ますれば는 잘 쓰이지 않고 ましたら가 주로 쓰인다.

いらっしゃいませ(まし) : 어서오십시오(명령형)

(3) た(だ)

① 의미 : 과거, 완료

② 접속 : 활용어의 연용형(5단 동사는 음편형에)

③ 활용 : 특수 활용형

예) 行った : 갔다

飲んだ : 마셨다

食べた : 먹었다

(4) う

① 의미 : 추측, 의지, 권유

② 접속 : 5단 동사의 미연형 2형식(お단음), 형용사, 형용동사, 조동사
ない、たい、だ、です、ようだ、そうだ、ます、た 의 미연형에 접속

③ 활용 : 무변화형

예) のもう : 마시겠지, 마시겠다, 마셔라

のもうか : 마실까?(권유, 의지)

のもうが : 마시지만

のもうと : 마시려고(의지)

飲みましょう : 마십시다(권유)

(5) まい

① 의미 : 의지의 부정(～하지 않겠다)
추측의 부정(～하지 않겠지)

② 접속 : 5단 동사 종지형
상1단・하1단・か행 변격・さ행 변격동사 미연형
조동사 ます의 종지형

③ 활용 : 무변형

예) のむまい : 마시지 않겠다, 마시지 않겠지
たべまい : 먹지 않겠다, 먹지 않겠지
こまい : 오지 않겠다, 오지 않겠지
しまい : 하지 않겠다. 하지 않겠지

5. 가능표현

가능을 표현(~할 수 있다)하는 방법에는 아래의 3가지 방법이 있다.

① (동사 기본형) + ことができる

예) のむことができる(마실 수 있다)

たべることができる(먹을 수 있다)

＊ できる는 する의 가능형으로 상1단 동사로 활용한다.

② 5단 동사인 경우 어미 「う」 단을 「え」 단으로 고치고 「る」 를 붙인다.

예) のむ : のめる(마실 수 있다)

かく : かける(쓸 수 있다)

いく : いける(갈 수 있다)

＊ 가능형으로 만들 경우 하1단 동사형으로 활용한다.

③ 조동사 れる、られる를 이용하는 방법 : 앞의 동사활용형 조동사 れる、られる를 참조하기 바람.

예) のむ : のまれる(마실 수 있다)

おきる : おきられる(일어날 수 있다)

たべる : たべられる(먹을 수 있다)

くる : こられる(일어날 수 있다)

＊ 가능동사는 자동사가 되므로 **조사 「を」**가 아니라 **「が」**를 사용해야 한다.

＊ 5단 활용동사 ある의 가능형은 **あり得(え)る**이다.

부 록 2

일본어 따라 쓰기

1. ひらがな 따라쓰기

(ひらがな)

1) 清音(せいおん)

あ	い	う	え	お
あ	い	う	え	お
(a)	(i)	(u)	(e)	(o)

あ	い	う	え	お
(a)	(i)	(u)	(e)	(o)

あ	い	う	え	お
(a)	(i)	(u)	(e)	(o)

か	き	く	け	こ
か	き	く	け	こ
(ka)	(ki)	(ku)	(ke)	(ko)

か	き	く	け	こ
(ka)	(ki)	(ku)	(ke)	(ko)

か	き	く	け	こ
(ka)	(ki)	(ku)	(ke)	(ko)

さ	し	す	せ	そ
1 2 さ 3	1 し	2 1 す	2 3 1 せ	1 2 そ 3
(sa)	(si)	(su)	(se)	(so)

さ	し	す	せ	そ
(sa)	(si)	(su)	(se)	(so)

さ	し	す	せ	そ
(sa)	(si)	(su)	(se)	(so)

た	ち	つ	て	と
1 2 た 3 4	1 2 ち	1 つ	1 て	1 と 2
(ta)	(chi)	(tsu)	(te)	(to)

た	ち	つ	て	と
(ta)	(chi)	(tsu)	(te)	(to)

た	ち	つ	て	と
(ta)	(chi)	(tsu)	(te)	(to)

な	に	ぬ	ね	の
な	に	ぬ	ね	の
(na)	(ni)	(nu)	(ne)	(no)

な	に	ぬ	ね	の
(na)	(ni)	(nu)	(ne)	(no)

な	に	ぬ	ね	の
(na)	(ni)	(nu)	(ne)	(no)

は	ひ	ふ	へ	ほ
は	ひ	ふ	へ	ほ
(ha)	(hi)	(hu)	(he)	(ho)

は	ひ	ふ	へ	ほ
(ha)	(hi)	(hu)	(he)	(ho)

は	ひ	ふ	へ	ほ
(ha)	(hi)	(hu)	(he)	(ho)

ま	み	む	め	も
ま	み	む	め	も
(ma)	(mi)	(mu)	(me)	(mo)

ま	み	む	め	も
(ma)	(mi)	(mu)	(me)	(mo)

ま	み	む	め	も
(ma)	(mi)	(mu)	(me)	(mo)

や	い	ゆ	え	よ
や	い	ゆ	え	よ
(ya)	(i)	(yu)	(e)	(yo)

や	い	ゆ	え	よ
(ya)	(i)	(yu)	(e)	(yo)

や	い	ゆ	え	よ
(ya)	(i)	(yu)	(e)	(yo)

ら	り	る	れ	ろ
ら (1, 2)	り (1, 2)	る (1)	れ (1, 2)	ろ (1)
(ra)	(ri)	(ru)	(re)	(ro)

ら	り	る	れ	ろ
(ra)	(ri)	(ru)	(re)	(ro)

ら	り	る	れ	ろ
(ra)	(ri)	(ru)	(re)	(ro)

わ	い	え	を	ん
わ	い	え	を	ん
(wa)	(i)	(e)	(o)	(n)

わ	い	え	を	ん
(wa)	(i)	(e)	(o)	(n)

わ	い	え	を	ん
(wa)	(i)	(e)	(o)	(n)

2) 濁音(だくおん)

(ひらがな)

が	ぎ	ぐ	げ	ご
が	ぎ	ぐ	げ	ご
(ga)	(gi)	(gu)	(ge)	(go)

が	ぎ	ぐ	げ	ご
(ga)	(gi)	(gu)	(ge)	(go)

が	ぎ	ぐ	げ	ご
(ga)	(gi)	(gu)	(ge)	(go)

ざ	じ	ず	ぜ	ぞ
ざ	じ	ず	ぜ	ぞ
(za)	(zi)	(zu)	(ze)	(zo)

ざ	じ	ず	ぜ	ぞ
(za)	(zi)	(zu)	(ze)	(zo)

ざ	じ	ず	ぜ	ぞ
(za)	(zi)	(zu)	(ze)	(zo)

だ	ぢ	づ	で	ど
だ	ぢ	づ	で	ど
(da)	(zi)	(zu)	(de)	(do)

だ	ぢ	づ	で	ど
(da)	(zi)	(zu)	(de)	(do)

だ	ぢ	づ	で	ど
(da)	(zi)	(zu)	(de)	(do)

ば	び	ぶ	べ	ぼ
ば	び	ぶ	べ	ぼ
(ba)	(bi)	(bu)	(be)	(ho)

ば	び	ぶ	べ	ぼ
(ba)	(bi)	(bu)	(be)	(ho)

ば	び	ぶ	べ	ぼ
(ba)	(bi)	(bu)	(be)	(ho)

3) 半濁音(はんだくおん)

(ひらがな)

ぱ	ぴ	ぷ	ぺ	ぽ
ぱ	ぴ	ぷ	ぺ	ぽ
(pa)	(pi)	(pu)	(pe)	(po)

ぱ	ぴ	ぷ	ぺ	ぽ
(pa)	(pi)	(pu)	(pe)	(po)

ぱ	ぴ	ぷ	ぺ	ぽ
(pa)	(pi)	(pu)	(pe)	(po)

4) 拗音(ようおん)

(ひらがな)

きゃ	きゅ	きょ	しゃ	しゅ	しょ
(kya)	(kyu)	(kyo)	(syu)	(syo)	(syo)
きゃ	きゅ	きょ	しゃ	しゅ	しょ
ちゃ	ちゅ	ちょ	にゃ	にょ	にょ
(cha)	(chu)	(cho)	(nya)	(nyu)	(nyo)
ちゃ	ちゅ	ちょ	にょ	にょ	にょ

きゃ	きゅ	きょ	しゃ	しゅ	しょ
(kya)	(kyu)	(kyo)	(syu)	(syo)	(syo)
きゃ	きゅ	きょ	しゃ	しゅ	しょ

ちゃ	ちゅ	ちょ	にゃ	にょ	にょ
(cha)	(chu)	(cho)	(nya)	(nyu)	(nyo)
ちゃ	ちゅ	ちょ	にょ	にょ	にょ

きゃ	きゅ	きょ	しゃ	しゅ	しょ
(kya)	(kyu)	(kyo)	(syu)	(syo)	(syo)
きゃ	きゅ	きょ	しゃ	しゅ	しょ
ちゃ	ちゅ	ちょ	にゃ	にょ	にょ
(cha)	(chu)	(cho)	(nya)	(nyu)	(nyo)
ちゃ	ちゅ	ちょ	にょ	にょ	にょ

ひゃ	ひゅ	ひょ	みゃ	みゅ	みょ
(kya)	(kyu)	(kyo)	(syu)	(syo)	(syo)
ひゃ	ひゅ	ひょ	みゃ	みゅ	みょ

りゃ	りゅ	りょ	ぎゃ	ぎょ	ぎょ
(cha)	(chu)	(cho)	(nya)	(nyu)	(nyo)
りゃ	りゅ	りょ	ぎょ	ぎょ	ぎょ

ひゃ	ひゅ	ひょ	みゃ	みゅ	みょ
(kya)	(kyu)	(kyo)	(syu)	(syo)	(syo)
ひゃ	ひゅ	ひょ	みゃ	みゅ	みょ

りゃ	りゅ	りょ	ぎゃ	ぎょ	ぎょ
(cha)	(chu)	(cho)	(nya)	(nyu)	(nyo)
りゃ	りゅ	りょ	ぎょ	ぎょ	ぎょ

ひゃ	ひゅ	ひょ	みゃ	みゅ	みょ
(kya)	(kyu)	(kyo)	(syu)	(syo)	(syo)
ひゃ	ひゅ	ひょ	みゃ	みゅ	みょ

りゃ	りゅ	りょ	ぎゃ	ぎょ	ぎょ
(cha)	(chu)	(cho)	(nya)	(nyu)	(nyo)
りゃ	りゅ	りょ	ぎょ	ぎょ	ぎょ

じゃ	じゅ	じょ	ぢゃ	ぢゅ	ぢょ
(zya)	(zyu)	(zyo)	(zya)	(zyu)	(zyo)
じゃ	じゅ	じょ	ぢゃ	ぢゅ	ぢょ

びゃ	びゅ	びょ	ぴゃ	ぴょ	ぴょ
(bya)	(byu)	(byo)	(pya)	(pyu)	(pyo)
びゃ	びゅ	びょ	ぴょ	ぴょ	ぴょ

じゃ	じゅ	じょ	ぢゃ	ぢゅ	ぢょ
(zya)	(zyu)	(zyo)	(zya)	(zyu)	(zyo)
じゃ	じゅ	じょ	ぢゃ	ぢゅ	ぢょ
びゃ	びゅ	びょ	ぴゃ	ぴょ	ぴょ
(bya)	(byu)	(byo)	(pya)	(pyu)	(pyo)
びゃ	びゅ	びょ	ぴょ	ぴょ	ぴょ

じゃ	じゅ	じょ	ぢゃ	ぢゅ	ぢょ
(zya)	(zyu)	(zyo)	(zya)	(zyu)	(zyo)
じゃ	じゅ	じょ	ぢゃ	ぢゅ	ぢょ

びゃ	びゅ	びょ	ぴゃ	ぴょ	ぴょ
(bya)	(byu)	(byo)	(pya)	(pyu)	(pyo)
びゃ	びゅ	びょ	ぴょ	ぴょ	ぴょ

2. カタカナ 따라쓰기

1) 清音(せいおん)

(カタカナ)

ア	イ	ウ	エ	オ
ア	イ	ウ	エ	オ
(a)	(i)	(u)	(e)	(o)

ア	イ	ウ	エ	オ
(a)	(i)	(u)	(e)	(o)

ア	イ	ウ	エ	オ
(a)	(i)	(u)	(e)	(o)

カ	キ	ク	ケ	コ
カ	キ	ク	ケ	コ
(ka)	(ki)	(ku)	(ke)	(ko)

カ	キ	ク	ケ	コ
(ka)	(ki)	(ku)	(ke)	(ko)

カ	キ	ク	ケ	コ
(ka)	(ki)	(ku)	(ke)	(ko)

サ	シ	ス	セ	ソ
サ	シ	ス	セ	ソ
(sa)	(si)	(su)	(se)	(so)

サ	シ	ス	セ	ソ
(sa)	(si)	(su)	(se)	(so)

サ	シ	ス	セ	ソ
(sa)	(si)	(su)	(se)	(so)

タ	チ	ツ	テ	ト
(ta)	(chi)	(tsu)	(te)	(to)

タ	チ	ツ	テ	ト
(ta)	(chi)	(tsu)	(te)	(to)

タ	チ	ツ	テ	ト
(ta)	(chi)	(tsu)	(te)	(to)

ナ	ニ	ヌ	ネ	ノ
ナ (1, 2)	ニ (1, 2)	ヌ (1, 2)	ネ (1, 2, 3, 4)	ノ (1)
(na)	(i)	(u)	(ne)	(no)

ナ	ニ	ヌ	ネ	ノ
(na)	(i)	(u)	(ne)	(no)

ナ	ニ	ヌ	ネ	ノ
(na)	(i)	(u)	(ne)	(no)

ハ	ヒ	フ	ヘ	ホ
1 2 ハ	2 1 ヒ	1 フ	1 ヘ	4 2 1 3 ホ
(ha)	(hi)	(hu)	(he)	(ho)

ハ	ヒ	フ	ヘ	ホ
(ha)	(hi)	(hu)	(he)	(ho)

ハ	ヒ	フ	ヘ	ホ
(ha)	(hi)	(hu)	(he)	(ho)

マ	ミ	ム	メ	モ
1 2 マ	1 2 3 ミ	1 2 ム	1 2 メ	1 2 3 モ
(ma)	(mi)	(mu)	(me)	(mo)

マ	ミ	ム	メ	モ
(ma)	(mi)	(mu)	(me)	(mo)

マ	ミ	ム	メ	モ
(ma)	(mi)	(mu)	(me)	(mo)

ヤ	イ	ユ	エ	ヨ
2 1 ヤ	1 2 イ	1 2 ユ	1 2 3 エ	1 2 3 ヨ
(ya)	(i)	(yu)	(e)	(yo)

ヤ	イ	ユ	エ	ヨ
(ya)	(i)	(yu)	(e)	(yo)

ヤ	イ	ユ	エ	ヨ
(ya)	(i)	(yu)	(e)	(yo)

ラ	リ	ル	レ	ロ
ラ	リ	ル	レ	ロ
(ra)	(ri)	(ru)	(re)	(ro)

ラ	リ	ル	レ	ロ
(ra)	(ri)	(ru)	(re)	(ro)

ラ	リ	ル	レ	ロ
(ra)	(ri)	(ru)	(re)	(ro)

ワ	イ	エ	ヲ	ン
1 2 ワ	1 2 イ	1 2 3 エ	1 2 ヲ	1 2 ン
(wa)	(i)	(e)	(o)	(n)

ワ	イ	ヱ	ヲ	ン
(wa)	(i)	(e)	(o)	(n)

ワ	イ	エ	ヲ	ン
(wa)	(i)	(e)	(o)	(n)

2) 濁音(だくおん)

(カタカナ)

ガ	ギ	グ	ゲ	ゴ
ガ	ギ	グ	ゲ	ゴ
(ga)	(gi)	(gu)	(ge)	(go)

ガ	ギ	グ	ゲ	ゴ
(ga)	(gi)	(gu)	(ge)	(go)

ガ	ギ	グ	ゲ	ゴ
(ga)	(gi)	(gu)	(ge)	(go)

ザ	ジ	ズ	ゼ	ゾ
(za)	(zi)	(zu)	(ze)	(zo)

ザ	ジ	ズ	ゼ	ゾ
(za)	(zi)	(zu)	(ze)	(zo)

ザ	ジ	ズ	ゼ	ゾ
(za)	(zi)	(zu)	(ze)	(zo)

ダ	ヂ	ヅ	デ	ド
ダ	ヂ	ヅ	デ	ド
(da)	(zi)	(zu)	(de)	(do)

ダ	ヂ	ヅ	デ	ド
(da)	(zi)	(zu)	(de)	(do)

ダ	ヂ	ヅ	デ	ド
(da)	(zi)	(zu)	(de)	(do)

バ	ビ	ブ	ベ	ボ
(ba)	(bi)	(bu)	(be)	(bo)

バ	ビ	ブ	ベ	ボ
(ba)	(bi)	(bu)	(be)	(bo)

バ	ビ	ブ	ベ	ボ
(ba)	(bi)	(bu)	(be)	(bo)

3) 半濁音(はんだくおん)

(カタカナ)

パ	ピ	プ	ペ	ポ
1 2 3 パ	1 2 3 ピ	1 2 プ	1 2 ペ	1 2 3 4 5 ポ
(pa)	(pi)	(pu)	(pe)	(po)

パ	ピ	プ	ペ	ポ
(pa)	(pi)	(pu)	(pe)	(po)

パ	ピ	プ	ペ	ポ
(pa)	(pi)	(pu)	(pe)	(po)

4) 拗音(ようおん)

(カタカナ)

キャ	キュ	キョ	シャ	シュ	ショ
(kya)	(kyu)	(kyo)	(sya)	(syu)	(syo)
キャ	キュ	キョ	シャ	シュ	ショ
チャ	チュ	チョ	ニャ	ニュ	ニョ
(cha)	(chu)	(cho)	(nya)	(nyu)	(nyo)
チャ	チュ	チョ	ニャ	ニュ	ニョ

キャ	キュ	キョ	シャ	シュ	ショ
(kya)	(kyu)	(kyo)	(sya)	(syu)	(syo)
キャ	キュ	キョ	シャ	シュ	ショ

チャ	チュ	チョ	ニャ	ニュ	ニョ
(cha)	(chu)	(cho)	(nya)	(nyu)	(nyo)
チャ	チュ	チョ	ニャ	ニュ	ニョ

キャ	キュ	キョ	シャ	シュ	ショ
(kya)	(kyu)	(kyo)	(sya)	(syu)	(syo)
キャ	キュ	キョ	シャ	シュ	ショ
チャ	チュ	チョ	ニャ	ニュ	ニョ
(cha)	(chu)	(cho)	(nya)	(nyu)	(nyo)
チャ	チュ	チョ	ニャ	ニュ	ニョ

ヒャ	ヒュ	ヒョ	ミャ	ミュ	ミョ
(hya)	(hyu)	(hyo)	(mya)	(myu)	(myo)
ヒャ	ヒュ	ヒョ	ミャ	ミュ	ミョ
リャ	リュ	リョ	ギャ	ギュ	ギョ
(rya)	(ryu)	(ryo)	(gya)	(gyu)	(gyo)
リャ	リュ	リョ	ギャ	ギュ	ギョ

ヒャ	ヒュ	ヒョ	ミャ	ミュ	ミョ
(hya)	(hyu)	(hyo)	(mya)	(myu)	(myo)
ヒャ	ヒュ	ヒョ	ミャ	ミュ	ミョ
リャ	リュ	リョ	ギャ	ギュ	ギョ
(rya)	(ryu)	(ryo)	(gya)	(gyu)	(gyo)
リャ	リュ	リョ	ギャ	ギュ	ギョ

ヒャ	ヒュ	ヒョ	ミャ	ミュ	ミョ
(hya)	(hyu)	(hyo)	(mya)	(myu)	(myo)
ヒャ	ヒュ	ヒョ	ミャ	ミュ	ミョ

リャ	リュ	リョ	ギャ	ギュ	ギョ
(rya)	(ryu)	(ryo)	(gya)	(gyu)	(gyo)
リャ	リュ	リョ	ギャ	ギュ	ギョ

ジャ	ジュ	ジョ	ヂャ	ヂュ	ヂョ
(zya)	(zyu)	(zyo)	(zya)	(zyu)	(zyo)
ジャ	ジュ	ジョ	ヂャ	ヂュ	ヂョ

ビャ	ビュ	ビョ	ピャ	ピュ	ピョ
(bya)	(byu)	(byo)	(pya)	(pyu)	(pyo)
ビャ	ビュ	ビョ	ピャ	ピュ	ピョ

ジャ	ジュ	ジョ	ヂャ	ヂュ	ヂョ
(zya)	(zyu)	(zyo)	(zya)	(zyu)	(zyo)
ジャ	ジュ	ジョ	ヂャ	ヂュ	ヂョ

ビャ	ビュ	ビョ	ピャ	ピュ	ピョ
(bya)	(byu)	(byo)	(pya)	(pyu)	(pyo)
ビャ	ビュ	ビョ	ピャ	ピュ	ピョ

ジャ	ジュ	ジョ	ヂャ	ヂュ	ヂョ
(zya)	(zyu)	(zyo)	(zya)	(zyu)	(zyo)
ジャ	ジュ	ジョ	ヂャ	ヂュ	ヂョ

ビャ	ビュ	ビョ	ピャ	ピュ	ピョ
(bya)	(byu)	(byo)	(pya)	(pyu)	(pyo)
ビャ	ビュ	ビョ	ピャ	ピュ	ピョ

쉽고 재미있는 관광일본어

2007년 7월 15일 초판1쇄 발행
2009년 2월 10일 초판2쇄 발행

저자와의
협의하에
인지생략

저 자 김장하 · 임상배 · 정두연
펴낸이 임 순 재
펴낸곳 한올출판사
등록 제11-403호
121-849
주 소 서울시 마포구 성산동 133-3 한올빌딩 3층
전 화 (02)376-4298(대표)
팩 스 (02)302-8073
홈페이지 www.hanol.co.kr
e-메 일 hanol@hanol.co.kr
정 가 15,000 원

• 이 책의 내용은 저작권법의 보호를 받고 있습니다.
• 잘못 만들어진 책은 본사나 구입하신 서점에서 바꾸어 드립니다.
• ISBN 978-89-8325-888-5